Dieser Essay soll nicht die x-te Bologna-Schelte sein. Der Text optiert für eine Besinnung über die besinnungslose Umsetzung eines europäischen Reformgedankens an den deutschsprachigen Universitäten. Er ruft zum Handeln auf, mit dem Ziel, der Aufgabe allgemeiner Persönlichkeitsbildung und Menschenbildung durch Wissenschaft wieder einen gleichrangigen Stellenwert neben der Ausbildung für ein berufliches Leben einzuräumen.

Dieser Text hat drei Anlässe, von denen es auch Dutzende weitere geben könnte.

Zum Beispiel: An einer großen deutschen Universität wurde unlängst eine Bande dingfest gemacht, die ein kriminelles Geschäftsmodell entwickelt hatte. In dem riesigen Raum, in dem 1200 Studierende zur Abfassung einer Abschlussklausur zur Einführungsvorlesung in die Betriebswirtschaft versammelt waren, wurde ein Universitätsfremder als vermeintlicher Student eingeschleust, der mit Hilfe seines Handys die Klausuraufgaben aus dem Prüfungsraum heraus nach draußen zu einer Gruppe von Komplizen funkte, um die Aufgaben dort mit unerlaubten Hilfsmitteln und durch qualifizierte Personen schnellstens lösen zu lassen. Die Lösungen bot der eingeschleuste »Student« dann während der Klausur in zunächst unentdeckter Weise in einem Kettensystem den Prüflingen gegen eine beträchtliche

Geldzahlung zum Kauf an. Als der Täter durch die Klausuraufsicht auf die unerlaubte Benutzung seines Handys angesprochen und herausgebeten wurde, fielen die Bandenmitglieder über die Aufsichtsperson her, prügelten sie ins Koma und flüchteten.

Ein weiterer, persönlicher Anlass: An einer anderen deutschen Universität schrieb unlängst einer meiner Söhne ebenfalls eine Klausur zur Einführungsvorlesung in die Betriebswirtschaft. Wir verabredeten, da ich von diesem Problem gehört hatte, dass er nach der Klausur die Papierkörbe im Klausurraum untersuchen sollte. Neben vielem belanglosen Zeug fand er insgesamt neun ausgeleerte Schachteln des Präparats Ritalin, das etliche Prüflinge sich offenbar zu Beginn der Klausur selbst verabreicht hatten.

Und schließlich, aus einer ganz anderen Welt, lesen wir in der *Allgemeinen Zeitung Mainz* vom 15.11.2013, dass der Präsident der Unternehmerverbände in Rheinland-Pfalz, Gerhard F. Braun, sich mit der Bologna-Reform zufrieden zeige, weil sie mit der »Überakademisierung« ein Ende gemacht habe: »Grundsätzlich gab es vor der Umstellung viele überqualifizierte Bewerber, eine Überakademisierung.«[1] Die Ironie ist: Viele Studierende wissen gar nicht, dass der Bachelor aus Sicht der Arbeitgeber oft überhaupt kein »wissenschaftlicher« Abschluss ist. Auf die Überakademisierung folgt gewissermaßen bruchlos die Unterakademisierung, weil dem Absolventen mit Bachelor-Abschluss weite Teile des Arbeitsmarktes, etwa der höhere Staatsdienst, verschlossen bleiben.

»Die Bologna-Reform führt zur Bildung krimineller Vereinigungen, zum Drogenmissbrauch und zur Täuschung einer ganzen Generation von Studierenden, die mit dem Bachelor glaubten, einen akademischen Abschluss zu erwerben, aus der Sicht der Wirtschaft aber genau diesen nicht besitzen.« – So einfach darf man es sich sicher nicht machen. Gleichwohl sind diese Beispiele paradigmatische Folgen der weitestreichenden Veränderung im deutschen Bildungssystem seit der Einführung der allgemeinen Schulpflicht. Was ist geschehen?

Das deutsche kontinentaleuropäische Universitätssystem, dessen Eckstücke in der Idee der Bildung durch Wissenschaft, durch den Gedanken des forschenden Lernens, die Idee der akademischen Freiheit und die Beschränkung des Eingriffs in das studentische Lernen auf eine Abschlussprüfung bestanden, ist ersetzt worden durch das dem atlantischen Hochschulverständnis entliehene Modell universitärer Einrichtungen als Berufsausbildungsinstitutionen für eine nicht nur akademische Ausbildung. Dies kann als einzigartiger »Sieg« der britisch-amerikanisch akzentuierten Universitätsvorstellungen über das klassische Universitätsideal deutscher Provenienz gelten.

So ist etwa die Abschlussprüfung abgeschafft worden, die nicht zu Unrecht als Grund für lange Studienzeiten aus Angst vor den Prüfungen verantwortlich gemacht wurde, es aber auch ermöglichte, dass das Studium selbst, durch die Beschränkung auf ein Sammeln von

»Scheinen«, relativ restriktionsfrei war. Heutzutage ist das gesamte Studium von »studienbegleitenden Prüfungen« durchsetzt, die am Ende jedes »Moduls« oder sogar einzelner Lehrveranstaltungen stehen und ausnahmslos alle in die Schlussnote des Abschlusszeugnisses eingehen (das damit eigentlich keinen Abschluss mehr bescheinigt, sondern einen Verlauf). Nicht selten führt diese Praxis für die Studierenden zu zweistelligen Prüfungszahlen pro Semester. Jeder Atemzug wird bewertet, das Lernen erfolgt unter taktischen und strategischen Gesichtspunkten, und die Last des Unterrichts für die Lehrenden vervielfältigt sich. Der Arbeitsalltag der Dozenten ist mittlerweile mehr von Klausurdurchsichten als von einer ausreichenden Vorbereitung der Unterrichtseinheiten gekennzeichnet. Kein Wunder, dass in einer solchen, nicht mehr akademischen Lernwirklichkeit die Lernlast als »Workload« berechnet und wie in Tarifverhandlungen auf 40 Stunden pro Woche fixiert wird.

Der politische Grund war die Idee der Schaffung eines europäischen Hochschulraums mit hoher internationaler Durchlässigkeit und dem wohl dahinterliegenden Ziel, die Vereinigung Europas voranzutreiben. Während des – idealerweise kurzen – Studiums sollte den Studierenden ermöglicht werden, den Studienort nicht nur innerhalb der eigenen Nation, sondern transnational zu wechseln. Es wurde offenbar davon ausgegangen, dass ein junger Mensch, sagen wir aus Plau am See oder aus Herne in Westfalen, europäischer werde, wenn er einige Monate in der University of the

Aegean auf der Insel Lesbos studieren würde oder in Reykjavík.

Keine Frage: Gemeinsam mit Menschen anderer Nationen in einer Stadt eines anderen Landes zu studieren kann geeignet sein, einen »Germanozentrismus« zu relativieren und den Blick zu weiten für das Andere. Das Andere ist aber nicht identisch mit dem »Europäischen«, denn wenn im europäischen Einigungsprozess etwas versäumt wurde, dann dies: eine europäische Idee von Mensch und Gesellschaft, von Pflicht und Neigung, von Vergangenheit und Zukunft und von Werten zu erarbeiten und zu leben. Mit einer europäischen Identität ist es nicht weit her, und da es diese nicht gibt und sie folglich auch nicht den »Geist« von Hunderten europäischer Hochschulen an Hunderten unterschiedlichen Orten ausmachen kann, konnte »europäische Bildung« durch ein Studium »abroad« gar nicht entstehen.

Sie konnte es aber auch deswegen nicht, weil im Bologna-Konzept europäische Bildung oder – genereller – Menschenbildung gar nicht der Grundgedanke für den wechselseitigen Assimilationsprozess der Hochschultypen war, sondern die rein formale Sicherung wechselseitiger Anerkennungsfähigkeit von Studien- und Prüfungsleistungen.

Ich erinnere mich noch gut, wie viele von uns Hochschullehrern Ende der neunziger Jahre von dem Gedanken einer großen Angleichung der Bedingungen (!) eines Studiums innerhalb Europas angetan waren. Wir hätten im Traum nicht daran gedacht, dass es gar nicht um Inhalte allgemeiner Bildung durch Wissenschaft gehen würde, sondern um die Vereinbarung von »Qualitätsstandards« auf dem Niveau von Kompetenzbeschreibungen und Wissensbeständen. Deshalb haben viele von uns es versäumt, von Anfang an konsequenten Widerstand zu leisten. Das ist verständlich. Dafür, dass wir es auch dann nicht getan haben, als uns die unbeabsichtigten Nebenfolgen der Reform klar vor Augen standen, dafür gibt es keine Entschuldigung. Auf der Suche nach einer Erklärung für die hohe Anpassungsbereitschaft an bürokratische Vorgaben dürfte dem geschichtsbewussten Zeitgenossen so ängstlich zumute werden, dass er sie gar nicht aussprechen mag. Nun ist es zu spät. Es ist zu spät, die Idee einer bürokratischen Gleichschaltung zu verhindern und in Auseinandersetzung mit den Vertretern des atlantischen Konzepts auf dem kontinentaleuropäischen Bildungsverständnis zu bestehen. Und es ist zu spät, die Orientierung an kurzfristigen Zielen wie Beschäftigungsfähigkeit, Innovation und Arbeitskräfteaustausch durch eine umfassendere Perspektive zu ersetzen, die nicht nur die natürlichen und technischen, sondern auch die sozialen Überlebensbedingungen der nächsten Generationen im Blick behält.

Jetzt gibt es nur die Möglichkeit, nein, die Pflicht, zu massiver Korrektur. Ihr Ziel wird die Herstellung eines Hochschulverständnisses sein müssen, nach dem die Universität neben ihrer Aufgabe der Berufsausbildung und des Technologietransfers die »sittliche Pflicht«, und ich verwende diesen historischen Terminus bewusst, zur

Bildung junger Menschen als Persönlichkeiten wahrnimmt.

Dafür tritt dieser Text ein. Er fußt auf einer ganzen Reihe von Rede- und Gesprächsanlässen aus den letzten Jahren, die sich mir als Präsident zweier Universitäten und als Akteur in einem Bildungssystem in unterschiedlichen Funktionen boten.

Es ist kein zorniger Blick zurück und in einen kulturkritisch umschriebenen Abgrund, sondern eine Aufforderung, aus dem europäischen Hochschulsystem der Zukunft nicht einseitig ein atlantisches werden zu lassen, sondern eines, das dessen Pragmatismus mit der kontinentaleuropäischen Idee der Menschenbildung so verknüpft, dass ein Hochschulstudium nicht zweckrational-blind und deswegen gefährlich ist, sondern Lebenssicherheit und Perspektive vermittelt, weil es bildet.

I. BOLOGNA:
VOM SCHEITERN
EINER REFORM

Eine transatlantische
Fehlsteuerung

Als Anfang der neunziger Jahre des 20. Jahrhunderts
durch den Vertrag von Maastricht die Europäische Union
gegründet wurde, sprach man von den »drei Säulen« der
gemeinsamen Politik. Gemeint waren die Europäischen
Wirtschaftsgemeinschaften, eine gemeinsame Außen-
und Sicherheitspolitik und die Zusammenarbeit im Bereich der Justiz. Bereits in den Vorverhandlungen zum
Maastrichter Vertrag waren die Nationenvertreter Europas sehr schnell darin übereingekommen, das Bildungssystem als Regelungsgegenstand aus dem Vereinigungs-
prozess herauszuhalten. Die Verhandlungsbeauftragten
sahen nämlich sehr schnell, dass die Unterschiede innerhalb Europas nicht nur groß, sondern vor allem
auch historisch gewachsen und in der Regel identitäts-
stiftend verschieden waren. Diese Einsicht ging so weit,
dass sogar bestimmte Elemente, die in den Römischen
Verträgen im Bereich des Berufsbildungswesens verein-
heitlicht worden waren, aus der Einigung wieder heraus-
genommen wurden. Auf diese Weise entstand ein Ent-
scheidungsvakuum, das von unterschiedlichen Akteuren

ausgefüllt wurde. Im Hochschulbereich waren das auf europäischer Ebene neben den politischen Vertretern der Staaten Verbünde und NGOs wie die European University Association oder Interessengruppierungen aus dem Bereich der Wirtschaft.

Aufgrund der föderalen Struktur der Bundesrepublik mit ihrer Sonderkonstruktion der Kultusministerkonferenz (KMK) waren die gestaltenden Personen auf deutscher Seite nicht etwa die gewählten Vertreter der Bundesexekutive, also etwa die Bundesbildungsministerin oder ihre Staatssekretäre, sondern eine Verhandlungsgruppe aus Beamten des Bundes und der KMK. Die deutschen Verhandlungspartner stimmten, oftmals in Unkenntnis oder Unterschätzung der Verhältnisse in den anderen europäischen Staaten, Regelungen und Nomenklaturen zu, die der angloamerikanischen Bildungswelt entstammten. Man einigte sich also darauf, »Credit Points« zu vergeben, die »Workload« zu berechnen und »Bachelor«-Abschlüsse einzuführen, ungeachtet aller kulturellen Differenzen wie der Tatsache, dass in Amerika, aber auch in Großbritannien ein Hochschulstudium – anders als in Deutschland – in erster Linie als Berufsausbildung verstanden wird. Dieser Umstand hängt damit zusammen, dass das atlantische Bildungssystem für Facharbeiter oder Assistentenberufe überhaupt keine duale Ausbildung durch Berufsschulen und durch die Industrie getragenen Ausbildungen kennt, sondern diese Aufgabe den Universitäten anvertraut hat. Wenn also in den Schriftstücken des Bologna-Prozesses von Berufsqualifizierung die

Rede ist, dann hatte man dabei das angloamerikanische System im Blick, dessen Qualifizierungscharakter sich vom deutschen fundamental unterscheidet. Darin ist eine der wesentlichen Quellen für die bei der Umsetzung des Bologna-Prozesses im deutschen Hochschulsystem entstandenen Fehlorientierungen zu sehen.

In Deutschland ging man davon aus, dass das europäische Hochschulsystem nun eine Qualifizierungsstruktur aufweisen müsse, die derjenigen ähnlich sei, die im deutschen Berufsausbildungssystem existierte. Allgemein formuliert: Der für das deutsche Bildungssystem wesentliche Unterschied zwischen Bildung und Ausbildung wurde verschliffen unter Hinweis auf die angebliche Notwendigkeit, aus der Hochschule heraus direkt für Berufe zu qualifizieren.

Das deutsche Hochschulsystem ist für diese Aufgabe aber gar nicht geeignet. Das wissenschaftliche Personal orientierte sich bis dato primär an Forschung und Lehre, nicht am Ausbildungsgedanken. Es hat in der Regel in den Berufen, für die es nun ausbilden soll, selbst nie gearbeitet. Dominierend ist das aus der deutschen Hochschultradition entstandene Leitbild einer »Bildung durch Wissenschaft« – der Persönlichkeitsbildung durch die Unterwerfung unter die Strenge der wissenschaftlichen Methode, der Erkenntnisorientierung, der Wahrheit, der Neutralität und der Unbestechlichkeit.

Als vor inzwischen fast fünf Jahren, ausgehend von der Universität Wien, eine Protestwelle durch die deutschsprachigen Universitäten ging – während die Länder, die sich schon früh, teilweise direkt nach 1945, anglifiziert hatten, verschont blieben –, war dem aufmerksamen Betrachter klar, dass sich in Europa ein Konflikt der Hochschulkulturen anbahnte. Dieser Konflikt ist in den letzten 15 Jahren in der Substanz nicht gelöst, sondern durch die Schaffung organisatorischer Fakten zugeschüttet worden. Ob dieser Zustand ein vorläufiger ist oder länger andauert, hängt davon ab, ob wir in den Hochschulen die inhaltliche Diskussion darüber in Gang bringen können.

Unnötig zu sagen, dass die Zeit drängt. Dass mittlerweile ein guter Teil der Studierenden und des akademischen Mittelbaus gar keine anderen Verhältnisse mehr kennengelernt und somit den gegenwärtigen Fehlentwicklungen kein positives Bild entgegenzusetzen hat, ist höchst bedenklich. Auch ist fraglich, ob gerade den in der Regel voll ausgelasteten Studierenden noch genügend Kapazitäten für ein hochschulpolitisches Engagement bleibt. Falls nicht, wäre es bereits die eingetretene Zirkularität des Bologna-Prozesses, dass gar keine Zeit mehr verbleibt, um die Richtigkeit des damit verbundenen Bildungs- oder Ausbildungsverständnisses überhaupt zu reflektieren. Das System würde sich dann selbst gegen Veränderungen dauerhaft immunisiert haben. Aus unseren Universitäten würde dann etwas anderes geworden sein. Solange es aber Menschen gibt, die sich noch daran erinnern können, was Universität einmal war, haben diese die Pflicht, die nachwachsende Generation, aber vor allem auch die Politik auf eine fast schon historische Alternative aufmerksam zu machen.

Bevor ich näher auf die mit dem Bologna-Prozess

zusammenhängenden Fehlentwicklungen eingehe, seien mir deshalb zwei autobiographische Anmerkungen erlaubt: Ich habe im Wintersemester 1966/67 an einer leidlich guten deutschen Universität ein Sprachstudium aufgenommen. Im zweiten Semester habe ich Philosophie hinzugewählt und zu meinem Hauptfach gemacht. Meine Mutter war besorgt. Es gab keine kommentierten Vorlesungsverzeichnisse. Gott sei Dank, sonst hätte ich mich nicht irren können. Ich startete nämlich mit Wittgenstein.

Im Englischstudium gab es auch kein Vorlesungsverzeichnis, dafür aber obligatorisch im ersten Semester 6000 Verse John Donne zu übersetzen. Schäferlyrik. Dabei geht es immer nur um das eine. Aber so undeutlich, dass wir zum Ausgleich eine Psychologievorlesung über Pornographie hörten und vor allen Dingen sahen.

Wir fanden die Studienbedingungen unmöglich, weil uns die Inhalte für unser Berufsziel unbrauchbar erschienen. Die Professoren schienen ihren Hobbys zu frönen. »Mittelalterfakultät« nannten wir deshalb die Philosophische.

Es gab keine Studienordnungen, Prüfungsordnungen hatten auf zwei Blättern Platz, und eine ungeschriebene Regel besagte, man müsse lange genug studiert haben, um gründlich gewesen zu sein. Als ich nach sieben Semestern eine Magisterprüfung ablegen wollte, benötigte ich eine Sondergenehmigung des Ministers. Wer so kurz studierte, stand im Verdacht, das Akademische nicht ernst zu nehmen.

Heute bemühen sich Hochschullehrer in Modulbeschreibungen redlich, dem Studienverlauf eine innere Logik zu geben. (Wer sich in Neuropsychologie auskennt und in Systemforschung, weiß allerdings, dass das Unfug ist. Es ist das lernende Gehirn, welches den Dingen die Logik verpasst, und das ist niemals die Logik derjenigen, die sich im Beibringen von etwas bemühen.) Ich bin mir des historisch-exzeptionellen Charakters meiner Studiensozialisation durchaus bewusst und verkläre nichts, auch dann nicht, wenn ich zusammenfassend den Satz formuliere: Wir waren orientierungslos, aber frei.

Heute betrachte ich den Bologna-Prozess nicht nur professionell in Hinblick auf seine bildungshistorischen und systematischen Folgen für das deutsche Hochschulsystem, sondern auch aus der alltäglichen Erfahrung der Begegnung konkreter Studierender mit dem System, allen voran der meiner eigenen Kinder. Und welches Bild ergibt sich hier? Etliche Rechtsanwälte verdienen gutes Geld damit, gegen Entscheidungen von Prüfungsämtern, Studienbüros und Dekanaten an einzelnen deutschen Universitäten vorzugehen, die sich benehmen wie bewaffnete Vertreter amerikanischer Einwanderungsbehörden. Mit dem Argument der Gleichbehandlung aller werden jungen Menschen nicht etwa gleiche Freiräume, sondern gleiche Restriktionen aufgebürdet, weil diese sich einfacher administrieren lassen. Und was ich besonders bedauerlich finde: Fachvertreter an den Universitäten fallen der Administration nicht etwa in den Arm, sondern unterstützen sie nicht selten mit immer neuen Ideen, wie sie ihre eigenen Fachgebiete über restriktive

Prüfungs- und Studienregelungen absichern können. Das ist nicht Schuld der Administration, sondern ein selbstgemachtes Problem, das daraus resultiert, dass wir als Hochschullehrer nicht wachsam genug gewesen sind. Traurige Beispiele finden sich in großer Zahl. Wenn etwa ein Prüfungsamt die Anerkennung eines Praktikums bei einer Brüsseler Behörde verweigert, die nicht in dem Praktikumskatalog der Politikwissenschaft steht, vermutlich weil den Herrschaften die erforderliche Kenntnis über die Brüsseler Behörden fehlte, und eine junge Frau deswegen zwei weitere Semester anhängen muss, die sie mit der Suche nach neuen Praktikumsplätzen und der Durchführung eines weiteren Praktikums verbringt; wenn einem behinderten Studierenden alternative Prüfungsformen, abweichend vom für die Fachvertreter bequemsten Klausurtypus, verweigert werden, obwohl er medizinisch diagnostizierte Schreibschwierigkeiten hat, und dann gesagt wird, der junge Mann sei doch offenkundig für eine akademische Tätigkeit ungeeignet; oder wenn Fachvertreter einer Universität durchsetzen, dass zum erfolgreichen Absolvieren Klausuren in drei verschiedenen Sprachen geschrieben werden müssen, da man ja einen internationalen Schwerpunkt habe, und unter vorgehaltener Hand gesagt wird, dies sei ein gut geeigneter Filter, um die besten Studierenden zu bekommen, dann ist das für mich der Widerstandsfall. Machtmissbrauch findet heute nicht in Stahlgewittern statt, sondern in Amtsstuben redlicher Administrateure, denen formal nicht die Spur eines Vorwurfs gemacht werden kann, deren Verhalten aber die Frage aufwirft,

warum deutsche Wissenschaftler und Wissenschaftlerinnen, die allen Grund haben, in historischer Einsicht
Liberalität walten zu lassen, solche Zustände tolerieren
oder sogar fördern.

Ziele und Folgen

Und dabei sieht auf dem Papier respektive dem Bild-
schirm doch alles sehr gut aus. Auf der Homepage des
Bundesministeriums für Bildung und Forschung ist
etwa zu lesen:

> Eingebunden in den europaweiten Bologna-Pro-
> zess führen Bund, Länder und Hochschulen die
> größte Hochschulreform seit Jahrzehnten durch.
> Ziel des 1999 in der italienischen Universitäts-
> stadt Bologna angestoßenen Hochschulreformpro-
> zesses ist es, international akzeptierte Abschlüsse
> zu schaffen, die Qualität von Studienangeboten
> zu verbessern und mehr Beschäftigungsfähigkeit
> zu vermitteln. [...] Der Bologna-Prozess, an dem
> mittlerweile 47 Staaten sowie die EU-Kommission
> und acht weitere Organisationen im Hochschul-
> bereich mitwirken, zeichnet sich aus durch einen
> partnerschaftlichen Ansatz: Die Einbindung von
> Hochschulen, Studierenden und Sozialpartnern
> steht im Mittelpunkt. Er hat in ganz Europa eine
> große Dynamik in die Hochschullandschaft ge-
> bracht und hat weitreichende Auswirkungen auf
> die nationalen Hochschulsysteme.[1]

Erfreut wird im aktuellen Bericht über die Umsetzung des Bologna-Prozesses in Deutschland dann auch darauf verwiesen, dass die Anzahl der Studienanfänger seit 1998 um das Doppelte gestiegen sei, so dass die Quote nun bei fast 50 Prozent liege. Mittlerweile seien auch deutlich mehr Bildungsausländer an deutschen Universitäten anzutreffen, und die Studiendauer für die traditionellen Abschlüsse sei leicht zurückgegangen. Schon im Vorwort der Studie heißt es optimistisch: »Der Strukturwandel des letzten Jahrzehnts ermöglicht uns heute, die neuen Herausforderungen zu bewältigen: den wachsenden Fachkräftebedarf, die fortschreitende Internationalisierung und die steigende Bildungsbeteiligung der Bevölkerung in Deutschland.«[2] Eine ebenfalls vom Bundesministerium finanzierte Studie zeigt sich deshalb auch verwundert über den lautstarken und emotional geführten Kulturkampf zwischen sich progressiv gebenden »Bolognesern« und vermeintlich konservativen »Humboldtianern« und verweist auf die drei Dimensionen des Reformprozesses, die in der universitären Öffentlichkeit zu einer Lagermentalität geführt hätten: die Betonung der Anwendungsorientiertheit des universitären Wissens, die stärkere Rolle von Lehre und Studium (im Gegensatz zur Forschung) sowie die gestiegene Bedeutung der Organisation und des Studienmanagements.[3] Geflissentlich übersehen wird dabei, dass diese Dimensionen gerade in ihrer Verschränkung unbeabsichtigte Nebeneffekte zeitigen, die die deutsche Hochschullandschaft nachhaltig verändert und vielleicht auf immer ihres ursprünglichen Auftrags

beraubt haben. Krisengerede? Natürlich, aber in Krisen-
diskursen entstehen Kritik und Besserung. Also: Was
lief falsch im Bologna-Prozess?

In der Praxis steht Bologna für Berufsorientierung,
genauer: für das, was wir in Deutschland mit dem
Bachelor als »ersten berufsqualifizierenden Abschluss«
bezeichnen. In der »Gemeinsamen Erklärung« der europäischen Bildungsminister vom 19. Juni 1999 heißt es
zu Beginn noch feierlich, dass man die »Notwendigkeit
der Errichtung eines vollständigeren und umfassende-
ren Europas« sehe, »wobei wir insbesondere auf seine
geistigen, kulturellen, sozialen und wissenschaftlich-
technologischen Dimensionen aufbauen und diese
stärken sollten«. Dies rekurriert auf die Pariser Sorbonne-Erklärung vom 25. Mai 1998 – den eigentlichen
Ausgangspunkt der Reformbewegung –, die die ent-
scheidende Rolle der Hochschulen für die Entwicklung
der europäischen Kultur betont habe.[4] Die Bologna-Erklärung fährt dann vorsichtig fort mit der Benennung
des »Ziels, die arbeitsmarktrelevanten Qualifikationen
der europäischen Bürger […] zu fördern«. »Arbeitsmarktrelevante Qualifikationen« sind aber etwas anderes als ein »berufsqualifizierender Abschluss«, der später daraus gemacht worden ist. In der englischen und
französischen Fassung ist dagegen von »employability«,
beziehungsweise »l'employabilité« die Rede.[5]

Viele von uns glaubten noch um die Jahrtausend-
wende, man werde den Vorgang mit der Verteilung
von ein paar *European Credit Transfer*-Punkten unterlaufen können, die von bedauernswerten ausländischen

Studierenden eben gebraucht werden. Wir waren im Europa-Suff, so dass wir gar nicht bemerkten, dass es überhaupt keine parlamentarische Legitimation für die später tiefgreifenden Veränderungen gab.

Die Intentionen waren in ihrer Allgemeinheit ja auch durchaus nachvollziehbar: vergleichbare Abschlüsse, Förderung der Mobilität von Studierenden und Wissenschaftlern, Überwindung von Anerkennungshindernissen, sogar die Förderung des Europagedankens in den Curricula. Aber dann war da auch eine Intention, die ganz unauffällig mitlief: »Zusammenarbeit bei der Qualitätssicherung im Hinblick auf die Erarbeitung vergleichbarer Kriterien und Methoden«[6]. Ich wüsste heute zu gerne, ob die damaligen Unterzeichner der Erklärung, der Staatssekretär Wolf-Michael Catenhusen und die Bildungsministerin von Schleswig-Holstein, Ute Erdsiek-Rave, wussten, was sie da unterschrieben, ob die verhandelnden Beamten ihnen die Folgen verschwiegen hatten oder ob die Disziplinierungsmöglichkeiten, die sich aus diesem Ansinnen ableiten ließen, erst später entdeckt worden sind.

Da haben wir den Salat, pflegte meine Mutter zu sagen, und das war nicht euphemistisch gemeint, denn wir waren keine Vegetarier. Der Salat besteht aus den ungewollten – ja sicher, denn wer kann das wollen? – Nebeneffekten. Etwa dem durch den steigenden bürokratischen Aufwand eingetretenen »Sudoku-Effekt«: Je mehr Zahlen in die entsprechenden Kästchen eingetragen werden, desto geringer werden die Handlungsmargen.[7] Die Freiheit stirbt zentimeterweise. Der Sudoku-

Effekt zieht also mit dem Ziel von Gleichheit und Rechtssicherheit, aber vor allem auch vor dem Hintergrund der halben Adaptation des amerikanischen Akkreditierungssystems, einen ungeheuren Verwaltungs- und Datenverarbeitungsaufwand nach sich, der zu einer Explosion von administrativen Vorgängen geführt hat.

Die Aufwertung der Bürokratie ging dabei Hand in Hand mit der partiellen Entwertung des Studiums. Ist es nicht eine bittere Ironie, wenn gerade der »berufsqualifizierende« Bachelor-Abschluss auf dem Lehrerarbeitsmarkt nichts gilt, den der Staat monopolistisch verwaltet? Sogar die Tarifparteien des Öffentlichen Dienstes der Länder haben schließlich in ihrer Protokollerklärung Nr. 1 festgehalten, dass ein BA kein wissenschaftlicher Hochschulabschluss ist (übrigens auch dann nicht, wenn er mehr als sechs Semester dauert) und dass auf seiner Grundlage deshalb keine Zugangsmöglichkeit zu den Vergütungsgruppen des Höheren Dienstes besteht. Das bedeutet, die Bezahlung der Bachelorabsolventen entspricht künftig derjenigen, die aus einer Vollzeitberufsschule kommen, also etwa den Pharmazeutisch-Technischen oder Medizinischen Assistenten. Einen schlagenderen Beweis dafür, dass die Universität zur Berufsschule transformiert wird, dürfte es kaum geben.

Diese Entwicklung hängt nun mit der spezifischen Auslegung der Bologna-Richtlinien ursächlich zusammen. Wenn es das Ziel war, innerhalb Europas Abschlüsse vergleichbar zu machen, dann hätten auch die Studieninhalte angeglichen werden müssen, die zu

diesen Abschlüssen führen. Denn es steht ja nicht mehr
ein Examen am Ende des Studiums, sondern eine kon-
tinuierliche Leistungsüberprüfung, um die Mobilität zu
gewährleisten.

Es gab also einen Bedarf an Einheitlichkeit. Da Einheitlichkeit indessen dem Grundgedanken allgemeiner
Bildung zuwiderläuft – denn Bildung heißt Herausbildung einer mit sich (und nicht mit allen anderen)
identischen Persönlichkeit –, musste es zu einer Orientierung an solchen Inhalten kommen, die ihrer Natur
nach vergleichbar und messbar sind. Da der Staat jedoch nicht ernsthaft beanspruchen konnte, die Studieninhalte beurteilen zu wollen, griff er auf das US-amerikanische Modell der Akkreditierung zurück, bei dem
eine Hochschule für viel Geld eine externe Agentur beauftragt, einen geplanten Studiengang zu prüfen und zu
»genehmigen«. Zum Zeitpunkt seiner deutschen Adaptation stand dieses System allerdings in den USA bereits unter erheblicher Kritik und befand sich in einem
deutlichen Transformationsprozess.[8] Die amerikanische
»Commission on the Future of Higher Education« hatte den Universitäten sogar empfohlen, die Beurteilung
von Verfahren, Inhalten und Verwaltungsstrukturen
durch die Akkreditierungsagenturen auszusetzen und
gegen ihr Kartellverhalten zu Felde zu ziehen.

Wen wundert es also, dass sich auch in Deutschland
die Kritik häuft? Der Bildungsforscher Martin Winter
schreibt: »Zieht man eine Bilanz zur Akkreditierung,
fällt diese doch recht negativ aus: Die Akkreditierung
von Studiengängen ist teuer, aufwendig, zunehmend re-

gulierend, rechtsstaats- und grundrechtsproblematisch, wissenschaftsunverträglich – und sie konterkariert die Bemühungen der Hochschulen zu einer eigenständigen Qualitätssicherung.«[8] Von Seiten der Wirtschaft, auf die man sich ja immer gern bezieht, ist die mit dieser Art von Akkreditierung verbundene inhaltliche Determination via Qualitätsmanagement übrigens auch nie gefordert worden. So hat schon 1999 Horst Föhr, damals Vorstandsmitglied der Deutschen Bahn AG, ausdrücklich vor den Folgen für die curricularen Inhalte der akademischen Ausbildung gewarnt: »Die Hochschulen sollten dies nicht zum Anlass nehmen, nur noch unmittelbar verwertbares Wissen zu vermitteln und Studiengänge bis zur Unkenntlichkeit des Faches zu verschlanken.«

Das Qualitätsmanagement ist mit dem Ziel, Studiengänge akkreditierungsfähig zu machen, zum Schlüssel für die inhaltliche Determination des Studiums geworden. Der Verlust der universitären Autonomie – der Freiheit der Lehre – und die Exilation des Bildungsgedankens aus der Universität verdankt sich also einer Art Domino-Effekt: Eine verengte Interpretation der Bologna-Erklärung hat zu einer bestimmten Sorte von messbaren Lernzielen geführt, die mit dem Leitbild einer »Bildung durch Wissenschaft« in vielen Fächern nichts mehr zu tun haben.

Das neue Leitbild muss dem Gedanken der »Employability« folgen. Es wird all das zu akademischer Bildung erklärt, was zur Beschäftigungsfähigkeit führt. Das ist aber weder der Geist der Sorbonne-Erklärung noch der deutschen Fassung von Bologna. Denn arbeitsmarktrelevante Qualifikationen könnten beispielsweise auch aus allgemeinbildenden ethischen Orientierungen bestehen, deren Unterrichtung vielleicht verhindern könnte, dass ein paar halbwüchsige Analysten an der Wall Street die ganze Welt auf den Abgrund zutreiben.

Beschäftigungsfähig sind sie allerdings auch ohne ethische Vorbildung. Denn der Begriff »Employability« wurde 2002 – und das muss man wirklich zwei Mal lesen – vom Wissenschaftlichen Dienst des Deutschen Bundestages umstandslos als »Wertschöpfungsfähigkeit« und »Anpassungsfähigkeit« der Arbeitnehmer definiert, um »die Eintrittskarte und andererseits die Aufenthaltsberechtigung für den Arbeitsmarkt« zu erwerben.[10] Durch Bezeichnungen wie Beschäftigungsfähigkeit, Wertschöpfungsfähigkeit oder Anpassungsfähigkeit schillert bereits ein Begriff durch, der eine logische Konsequenz aus dieser Art der Determination des universitären Auftrags ist. Es handelt sich um den Begriff der »Kompetenz«. Der Kompetenzbegriff hat neben dem Charme, die eben benannten Fähigkeiten abzubilden, einen für den Domino-Effekt wesentlichen Vorteil: Er – und nur er – erlaubt die evidenzbasierte Messung der Effekte des akademischen Unterrichts.

Wir befinden uns also in einer außerordentlich unangenehmen Situation: Innerhalb von weniger als 15 Jahren haben sich das Konzept und die Wirklichkeit universitärer Bildung in ein Konzept des Erwerbs messbarer Kompetenzen zum Zwecke der »Employability«

transformiert, an der künftige Arbeitnehmer natürlich ein Interesse haben müssen, wenn sie ihren Lebensunterhalt verdienen wollen.

Hochschulen sind keine Fertigungsstraßen

Mein Zweifel an der Richtigkeit dessen, was wir mit dem Bologna-Prozess getan haben, nährt sich aus dem beobachtbaren Widerspruch zwischen Handlungsintentionen und Handlungsfolgen. Trotz aller Erfolgsrhetorik und den scheinbar guten Kennziffern haben die letzten 15 Jahre eine beispiellose und desaströse Umformung der deutschen Universitätslandschaft gesehen. Die Folgen waren die Entwertung der klassischen akademischen Abschlüsse, die Einschränkung der Mobilität und die Verdrängung des Reflektierens aus der Universität. Neun provokative Anmerkungen zum Bologna-Prozess, seiner Vorgeschichte und seinen Folgen:

Ich glaube *erstens*, dass das deutsche Hochschulsystem bereits vor 40 Jahren Opfer eines politischen Tricks geworden ist, den seine Insassen zu spät durchschaut haben – vielleicht auch deshalb, weil sie seit den siebziger Jahren damit verwöhnt waren, dass das Hochschulsystem expandiert. Ende der siebziger Jahre kam der Öffnungsbeschluss der Hochschulen mit dem Ziel, »Bildung für alle« zu ermöglichen. Es stellte sich jedoch heraus, dass man diese Bildung für alle gar nicht bezahlen konnte oder wollte. Willkommen musste deshalb jede Lösung sein, die aus der »Bildung für alle«

ein »Billig für alle« machte! Die erste Voraussetzung für den sechssemestrigen Bachelor war geschaffen.

Dann hat es *zweitens* so etwas wie einen Mechanismus der Ehrabschneidung gegeben. Nachdem das deutsche Hochschulsystem unter der Massenlast ohne finanzielle Kompensation vor den Zusammenbruch geführt worden war, häufte sich die Kritik an seiner Qualität. Sie verband sich mit der Kritik an der politischen Orientierung von Studierenden, an der angeblichen Faulheit von Professoren, an der schlechten Lehre, für die es überhaupt keine validen Messungen gab und gibt, an der Studiendauer, deren Überziehung übrigens zu keinem Zeitpunkt Kosten verursacht hat, weil die Hochschulbudgets immer auf der Grundlage von Regelstudienzeiten berechnet wurden.

Kurzum, das System wurde schlechtgeredet, um es dann verbessern zu müssen. Faktisch wurde zwar nicht das Wissensniveau, wohl aber das intellektuelle Niveau durch die zeitliche Verkürzung dem Verfall preisgegeben und nach der gleichzeitigen Kürzung der Gymnasialzeit in der Hochschule gewissermaßen eine neue gymnasiale Oberstufe geschaffen, die statt mit dem Abitur mit einem BA endet. Das Abitur büßte einen Teil seines Wertes ein.

Mit dem Öffnungsbeschluss für die Hochschulen wurde *drittens* die Aussicht auf eine bessere Lebensqualität verbunden. Akademische Bildung sollte auch akademisches Einkommen für möglichst viele bedeuten. Schade nur, dass der Bachelor von vielen Arbeitgebern gar nicht als wissenschaftlicher Abschluss betrachtet wird. Der Staat akzeptiert Absolventen mit dem BA nicht für den höheren Dienst und belässt die ehemals staatlichen Studiengänge von der Medizin bis zur Försterei offenbar aus guten Gründen so, wie sie sind, in den traditionellen Abschlüssen, mit Ausnahme der Lehrerausbildung, die aber grundsätzlich mit dem Master (MA) enden muss.

Die Intention, *viertens*, innerhalb eines sogenannten europäischen Hochschulraums, für den der Vertrag von Maastricht ausdrücklich keine Legitimation geschaffen hatte, Mobilität zu sichern und formale Einheitlichkeiten abzuleiten, hat sich ins Gegenteil verkehrt. Der überschaubaren Anzahl der Europamobilen ist die Mobilität nicht erleichtert worden, im Gegenteil: Die Studierenden kämpfen mit Anerkennungsproblemen ihrer Leistungen, mit völlig differenten Studiengebühren und Studienwirklichkeiten, mit zu hohen Lebenshaltungskosten in den Ländern ihrer Wahl und mit Sprachproblemen. Das ist keine Folge von Bologna, hätte aber gelöst werden müssen, bevor man sich an die Bearbeitung von formalen Problemen macht. Nebenbei: Mit einer konsequenten Internationalisierung im Sinne globaler Mobilität hat das alles ohnedies nichts zu tun. Mit schlafwandlerischer Sicherheit ist der europäische BA/MA-Prozess an den amerikanischen und asiatischen Vorbildern vorbei organisiert worden. Dort benötigt man regelhaft acht Semester für den Bachelor, und zwischen der Highschool und dem Universitätsstudium befindet sich ein eigener Einrichtungstyp für Undergraduates, das College. Mit der Einführung von

G8 wird genau diese Entwicklung auch auf Deutschland zukommen müssen.

Nicht selten ist *fünftens* für den Bologna-Prozess auch mit Argumenten der Studienerleichterung geworben worden. Und in der Tat war die Furcht vor den Abschlussprüfungen *einer* der Gründe für die Hinauszögerung des Hochschulabschlusses. Auf den ersten Blick erschien vielen von uns deshalb ein Credit-Point-System als eine angemessene Form. Schaut man sich indessen die Leistungserwartungen für ein paar lächerliche Credit Points an und registriert man, dass in vielen BWL-Studiengängen insgesamt zwischen 50 und 60 Einzelprüfungen anfallen, dann handelt es sich nicht um eine Erleichterung, sondern um eine Vervielfältigung von Prüfungsangst und bewusstlosem Auswendiglernen für Klausuren, die nicht selten unter Einnahme von Ritalin und verwandten Psychopharmaka geschrieben werden. Ein Studium, von dem die Studierenden glauben, es nur erfolgreich durchstehen zu können, indem sie Drogen nehmen, ist aber eher Beihilfe zur Körperverletzung und lässt sich auch durch das gesellschaftliche Interesse an gut ausgebildeten jungen Menschen nicht rechtfertigen.

Sechstens: Diese jungen Menschen sind nämlich in der Tat sehr jung, wenn sie die Grundschule im fünften Lebensjahr aufnehmen und im neunten ins Gymnasium wechseln. Sie sind 17 Jahre alt, wenn sie die Hochschule betreten, und erst 20, wenn sie sie verlassen. Es ist erbärmlich, dass dann ausgerechnet die wirtschaftlichen und staatlichen Abnehmerorganisationen, die jahrzehntelang das zu hohe Lebensalter der Absolventen beklagt haben, jetzt auf ihre geringe Lebenserfahrung verweisen, um ihnen adäquate Positionen vorzuenthalten. Erst werden sie als Nutzer einer »Wärmehalle« (Helmut Kohl) diffamiert, um dann mit 20 Jahren im Regen zu stehen.

Dabei war doch *siebtens* in den Hochglanzbroschüren von »Employability« die Rede gewesen. Aber nicht einmal diese scheint gegeben zu sein – von allgemeiner Menschenbildung ganz zu schweigen. Es ist auch nicht verwunderlich, weil die Kategorie der Beschäftigungsfähigkeit außer in Leerformeln auch nicht operationalisierbar ist. Auch das hilflose Gerede von »Problemlösefähigkeit« oder »Teamfähigkeit« führt nicht weiter, weil gar keine Messoperation für diese Kompetenzen denkbar ist. Es ist das Leben, welches erweist, ob jemand in den allfälligen Drucksituationen des Berufs auf die Möglichkeit der Zusammenarbeit zurückgreift oder überhaupt zurückgreifen kann (was auch von den Arbeitsbedingungen vor Ort abhängt).

Achtens: Wir haben das Hochschulsystem einer kulturellen Transformation unterworfen, deren Folgen wir erst später zu spüren bekommen. Wenn kleine Kinder in die Grundschule kommen, ist davon die Rede, dass sie nun mit dem sogenannten Ernst des Lebens konfrontiert werden. In diesem Sinne stand die Zeit des Studiums unter der Überschrift des freien Studentenlebens – die letzte Chance auf ein sorgenfreies Leben, bevor man in die Gefangenschaft von ökonomischen Reproduktionszwängen geriet, denen man als Erwachsener ausgesetzt ist. Diese Phase ist abgeschafft worden. Es gibt, vielleicht außerhalb der ersten Lebensjahre, diese Freiheit nicht mehr. Unter dem Vorwand einer angeblich notwendigen Vereinheitlichung hat ein einzigartiger Verschulungsprozess stattgefunden, der im Wesentlichen durch die Adaptation des Akkreditierungsprinzips aus den USA verursacht worden ist, wo es jedoch eine ganz andere Funktion hat. Soll dort nämlich ein Studiengang durch die Akkreditierung eine Art Gütesiegel erhalten, vor dessen Hintergrund die Angemessenheit der hohen Studiengebühren für die Eltern einschätzbar wird, erfüllt das Akkreditierungssystem in Deutschland die Funktion der staatlichen Aufsicht. Auch hier wieder eine Verkehrung der Intention: Das richtige Ziel, den Staat und seine dazu nicht ausgebildeten Beamten aus curricularen Fragen des Studiengangs herauszuhalten, hat dazu geführt, dass diese Aufsichtsfunktion nun Gutachter wahrnehmen, von denen erwartet wird, dass sie nicht nur ihr Fach beherrschen, sondern auch auf einen langen Kriterienkatalog achten, der formal gedacht ist, sich aber inhaltlich auswirkt. Viele Male habe ich persönlich erleben müssen, dass Akkreditierungskommissionen sich vielleicht aus falsch verstandener Kollegialität darin verrannten, zusätzliche Professuren zu fordern, die sogenannte »Workload« – was für ein Unsinn, Studienqualität nach Arbeitszeit bemessen zu wollen – einzuschätzen und ein adäquates Qualitätsmanagementsystem zu fordern. Nicht selten legen die Agenturen noch eins drauf und verwandeln die Empfehlungen der Kommissionen in Auflagen.

Neuntens: An dieser Stelle liegt die Geburtsstunde der Idee von »Qualitätssicherung und Entwicklung in der Lehre«. Dabei wäre durchaus zu fragen, ob Qualität und Management theoretisch nicht einander ausschließende Begrifflichkeiten sind. Sicher ist jedenfalls, dass das universitäre Qualitätsmanagementpersonal auch dann, wenn es sich nicht so nennt, in die unangenehme Lage gebracht worden ist, die jeweiligen Fachvertreter mit formalen Erwartungen an ihre Modulbeschreibungen, Prüfungs- und Studienordnungen sowie mit ihrem jeweils eigenen Qualitätsmanagementsystem zu konfrontieren, was zu jahrelangem Pingpong zwischen der Verwaltung und den Fächern geführt hat, zu wechselseitigen Verdächtigungen hinsichtlich der intellektuellen Qualität oder der Verfassungstreue und damit zu einer Verschärfung der sozialen Kommunikation innerhalb der Hochschulen. Denn wenn eine Akkreditierung misslingt, befürchten die Verwaltungsmitarbeiter zu Recht, dass ihnen daran die Schuld gegeben wird. Gleichzeitig beschuldigt der wissenschaftliche Bereich die Administration, den Geist eines Universitätsstudiums zu zerstören.

Wir dürfen die Augen vor diesen Missständen nicht verschließen. Der zeitliche und finanzielle Aufwand, den der Bologna-Prozess mit sich bringt, wird nur gerechtfertigt sein, wenn das Delta zwischen den Zielen und den tatsächlichen Folgen des Prozesses geschlossen wird. Das wird nur möglich sein, wenn wir von den Annahmen ausgehen, dass Studierende grundsätzlich Erwachsene, Lehrende nicht faul und unfähig und Administrateure keineswegs böswillig und kleinkariert sind. Nur dann kann eine Art Vertrauenskultur entstehen, innerhalb derer man das ganze Bologna-Gewese mit Gelassenheit, Liberalität und der Grundauffassung angeht, dass Hochschulen Bildungseinrichtungen und keine Fertigungsstraßen sind.

Bildung und Ausbildung

Die politisch Verantwortlichen in der Bundesrepublik haben das mit dem Bologna-Prozess verbundene Verständnis der Universität atlantischer Prägung ungeprüft, wahrscheinlich sogar unbemerkt, übernommen und damit die kontinentale Konzeption der Universität als Stätte allgemeiner Menschenbildung zur Disposition gestellt.

Inzwischen sind wir so weit, dass an den Universitäten durchaus nennenswerte Teile des Personals die kontinentaleuropäische Aufgabe der Universität gar nicht mehr kennengelernt haben und insofern auch nicht mehr vermitteln können. Wenn wir der Auffassung sind, dass Universität mehr ist als eine Stätte der Berufsausbildung und der Hervorbringung von innovationsfähigen Erkenntnissen für Produktionsprozesse, dann müssen wir uns erinnern und darüber nachdenken, wie wir das einstmals Gemeinte unter den Bedingungen eines vermutlich nicht reversiblen Bologna-Prozesses wieder zur Geltung bringen können.

Um es in den Worten unserer Universitätsgründer zu sagen: Wir müssen uns mit der Klammer beschäftigen, die Forschung und Lehre im Dienste der Gesellschaft zusammenhalten soll, mit Bildung.

Der Philosoph Jürgen Mittelstraß hat einmal bemerkt, dass auch Wilhelm von Humboldts Universitätsreform und das von ihm vertretene Bildungsideal von der Kritik am Utilitarismus und der Vernützlichung der deutschen Universität seinen Ausgangspunkt nahmen.[11] Humboldt musste nämlich in den ersten Jahren des 19. Jahrhunderts feststellen, dass die Universitäten geringgeschätzt wurden, weil die Nützlichkeitserwartungen durch die aufstrebenden Akademien oder Spezialschulen besser erfüllt wurden. In dieser Situation schlug er eine Institution vor, die ausdrücklich als Gegengründung zu den Akademien und den damaligen Universitäten gedacht war. Aber aus der Sache wurde nichts. Die Humboldt'sche Universität ist nie entstanden.

Nach anderthalb Jahren verabschiedete er sich aus dem politischen Geschäft, und seine Nachfolger wählten einen Kompromiss, indem sie der Philosophischen Fakultät die Aufgaben von Wahrheitsfindung und Bildung und den anderen Fakultäten die utilitaristischen Funktionen zuwiesen. Irgendwie schien klar zu sein, dass Bildung durch Wissenschaft nichts für jedermann sein würde.

Heute haben wir demgegenüber zwei Aufgaben. *Erstens* die Beantwortung der alten Frage: Wie kann man Bildung durch Wissenschaft realisieren und gleichzeitig der unbestreitbaren Notwendigkeit gerecht werden, jungen Menschen einen Weg in den Beruf zu eröffnen?

Und, *zweitens*, die neue Frage: Wie ist es möglich, Bildung durch Wissenschaft auch für einen erheblich größeren Anteil eines Altersjahrgangs als im Jahr 1810, also nicht für drei bis fünf Prozent, sondern für 50 Prozent zu realisieren?

Das war übrigens auch immer Humboldts Absicht gewesen, wenn er etwa im Litauischen Lehrplan schrieb: »Denn der gemeinste Tagelöhner und der am feinsten Ausgebildete muß in seinem Gemüt ursprünglich gleich gestimmt werden, wenn jener nicht unter der Menschenwürde roh und dieser nicht unter der Menschenkraft sentimental, chimärisch, und verschroben werden soll.«[12]

Es gibt ganze Regalreihen mit Büchern, die sich mit der Krise der Universität beschäftigen, und in den letzten 100 Jahren kamen etwa in Dekadenabständen ein paar Dutzend dazu. Immer wieder wurde die Universität für unzulänglich erklärt, immer wieder musste sie sich verteidigen, und immer wieder transformierte sie sich. Die Einschätzungen über ihren jeweiligen Zustand waren im Übrigen nie Konsens, schon gar nicht, wenn es um die Frage ging, ob Humboldt noch aktuell sei. So dekretierte Carl Heinrich Becker, der berühmte spätere Kultusminister der Weimarer Republik, dass »der Kern unserer Universitäten« gesund sei,[13] wohingegen zum Beispiel Dieter Simon als gewesener Akademiepräsident den Universitäten in den 1990er Jahren bescheinigte, »im Kern verrottet« zu sein.[14] Und während das Bundesministerium für Bildung und Forschung unter Edelgard Bulmahn Humboldt für tot erklärte –

das war die Zeit der deutschen Unterschrift unter die Bologna-Erklärung –, zeigte 1999 Manfred Spitzer anhand neurowissenschaftlicher Erkenntnisse, dass die implizite Lerntheorie Humboldts genial sei. Er schloss deshalb: »Wer proklamiert, Humboldt sei tot, seine Ideen würden nicht mehr gelten, der hat offensichtlich aus der Geschichte nicht gelernt oder gehört vielleicht zu denen, die die Universität nie selbst erfahren haben.«[15]

Also: zurück zu Humboldt? Sicher nicht. Aber vielleicht mit Humboldt in die Zukunft?

II. WAS
IST
BILDUNG?

Humboldts
Universitätsideal

Es gehört zu den feinen Ironien der deutschen Geschichte, dass der »bedeutendste Bildungsreformer des
19. Jahrhunderts«[1] nicht einmal anderthalb Jahre im
Amt gewesen ist. Am 20. Februar 1809 wurde Humboldt auf den Vorschlag von Karl Freiherr vom Stein
zum Geheimen Staatsrat und Direktor der Sektion für
Kultus und öffentlichen Unterricht im preußischen
Innenministerium ernannt, nur um im April des Fol-
gejahres bereits sein Entlassungsgesuch einzureichen,
dem im Juni stattgegeben wurde. Der Grund war ein
politischer: Humboldt wollte sich nicht damit ab-
finden, als Sektionschef im zentralen Gremium der
Zeit – dem Staatsrat – ohne Stimmrecht zu bleiben.
In Humboldts Biographie blieb sein Bemühen um die
Reformierung des preußischen Bildungswesens und die
Gründung der Berliner Universität im Herbst 1810 nur
ein Intermezzo. Er hatte die Jahre zuvor als Botschafter
Preußens beim Heiligen Stuhl in Rom verbracht, und
in der Folgezeit zog es ihn weiter nach Wien. Als wahrhaft europäischer Intellektueller blieb er eine Zeitlang

dem diplomatischen Dienst erhalten und widmete sich in den späten Lebensjahren schwerpunktmäßig seinen sprachphilosophischen Untersuchungen. Trotzdem war es vor allem die rastlose Tätigkeit seiner Berliner Jahre, in denen er nicht nur der neugegründeten Universität seinen Stempel aufdrückte, sondern auch das preußische Schulsystem reformierte, die Humboldt zu einer Art intellektuellem Schutzengel machte, der immer dann angerufen wird, wenn etwas bildungspolitisch im Argen liegt.

Dabei war der 41-jährige Humboldt von seiner Berufung zunächst alles andere als begeistert. Er hätte es vorgezogen, in Rom zu bleiben, unterwarf sich jedoch schließlich dem Willen des Königs und machte sich mit preußischer Disziplin und großem Engagement an die Erfüllung seiner Pflichten.[2] In Bezug auf die Universitätsgründung bestanden sie nicht zuletzt darin, den Mitarbeiterstab und das Umfeld auf seine Grundkonzeption einzuschwören. Ein Ziel, dem die Fragment gebliebene Denkschrift »Über die innere und äussere Organisation der höheren wissenschaftlichen Anstalten in Berlin« diente. Am Anfang seiner Überlegungen steht eine doppelte Abgrenzung, zum einen gegenüber den ausschließlich der Forschung verpflichteten Akademien – schließlich sei es der Zweck der Universität, der Wissenschaft im öffentlichen Vortrag und im prinzipiell gleichberechtigten Dialog mit den Jüngeren zu dienen –, zum anderen aber gegenüber der Schule und eher fachlich spezialisierten Schulen des postsekundaren Bereichs. Das Wesen der Universität bestünde darin, »innerlich die objective Wissenschaft mit der subjectiven Bildung, äusserlich den vollendeten Schulunterricht mit dem beginnenden Studium unter eigener Leitung zu verknüpfen, oder vielmehr den Uebergang von dem einen zum anderen zu bewirken«[3]. Im Gegensatz zur Schule habe die Universität es nicht mit fertigen und abgemachten Kenntnissen zu tun, sondern mit nicht ganz aufgelösten Problemen. »Das Verhältnis zwischen Lehrer und Schüler wird daher durchaus ein anderes als vorher. Der erstere ist nicht für den letzteren, beide sind für die Wissenschaft dar.«

Der Bildungseffekt (so würde man es heute wohl nennen) ist dabei das Resultat der intellektuellen Haltung, die Wissenschaft als etwas nie ganz Gefundenes und nie ganz Aufzufindendes zu behandeln, sondern sie »aus der Tiefe des Geistes« zu suchen. »Denn nur die Wissenschaft, die aus dem Innern stammt und in's Innere gepflanzt werden kann, bildet auch den Charakter um, und dem Staat ist es ebenso wenig als der Menschheit um Wissen und Reden, sondern um Charakter und Handeln zu tun.«

Humboldts Bildungskonzeption hatte damit durchaus eine pragmatische Dimension, aber eben nur mittelbar. Für die reine Berufspraxis waren andere zuständig: In den letzten 50 Jahren vor Humboldts Amtsantritt waren in Berlin zahlreiche Fachschulen gegründet worden – darunter eine Bergakademie, eine Tierarzneyschule, eine Fachschule zur Ärzteausbildung, eine Bauakademie, die Pépinière (eine Anstalt zur Ausbildung von Militärärzten) und ein Ackerbauinstitut –, die allesamt in ihrem jeweiligen Spezialgebiet der Forschung und Lehre dienten, vor allem aber den wachsenden Bedarf nach Fachkräften in allen Bereichen des modernen Lebens zu stillen hatten. Verglichen mit dieser fachlichen Zersplitterung besaß die Humboldt'sche Universität mit ihrem Versuch, die öffentliche Bildungslandschaft Berlins (samt der Akademien, der großen Bibliothek, der Sternwarte und dem botanischen Garten usw.) in einer einzigen Anstalt zusammenzuführen, die sich zudem dem Leitbild »Bildung durch Wissenschaft« verpflichtet sah, eine geradezu holistische, organische Anmutung – sie sagte einer kopflosen Modernisierung im Zuge der beginnenden Industrialisierung den Kampf an. Humboldt setzte den vorgefundenen Institutionen (die eine gewisse Ähnlichkeit mit unserer Bologna-Wirklichkeit haben) etwas anderes entgegen. Jene Institutionen setzten auf gesichertes Wissen und praktische Berufsausbildung oder im Fall der Akademien auf eine Sammlung und Verwaltung des Wissens. Sie verstanden sich zweckorientiert, und der Unterricht folgte dem Muster des Beibringens. Humboldt warb demgegenüber für eine Einrichtung, die nicht Wissen verwaltet, sondern erzeugt, die wissenschaftliche Grundbildung vermittelt und die Neugier auf Erkenntnis hervorbringt.

Er wollte Menschen diese Institution absolvieren sehen, die durch Urteilsfähigkeit, Verantwortungsbewusstsein und Prinzipienorientierung gekennzeichnet sind, die denken, empfinden, ordnen, unterscheiden, sprechen und gestalten können, und das alles nicht, weil ihnen jemand etwas beigebracht hätte, sondern indem sie sich durch ein forschendes Lernen selbst gebildet haben. An diese Form der Polarisierung haben im Grunde alle Autoren angeknüpft, die sich in der Folgezeit mit dem Auftrag der Universität befasst haben, insbesondere natürlich nach 1945.

So stellte Max Horkheimer der Borniertheit der Spezialausbildung mit ihrer Tendenz zur Barbarei den individuellen Prozess der Bildung gegenüber, der die Erinnerung an das Menschliche wachhalte, und er registrierte 1952, kurz nach dem Ende des Faschismus, eine Klimaveränderung, die uns auch heute mit Blick auf die aktuelle Hochschulpolitik bekannt vorkommt: »Der Prozess der Bildung ist in den der Verarbeitung umgeschlagen. Die Verarbeitung – und darin liegt das Wesen des Unterschieds – lässt dem Gegenstand keine Zeit, die Zeit wird reduziert. Zeit aber steht für Liebe; der Sache, der ich Zeit schenke, schenke ich Liebe; die Gewalt ist rasch.«[4] Im Umkehrschluss: Wer den jungen Leuten und sich selbst keine Zeit gibt, sondern nimmt, der folgt dem Gesetz der Beschleunigung, dem Gesetz der Gewalt. Wollen wir das?

Was die Wiederherstellung von Bildung durch Wissenschaft angeht, so bleibt Horkheimer skeptisch. Er warnt vor der Gefahr der Verinnerlichung, zu Recht.[5] Denn diese Art der Mentalreservation war eine der Ursachen, die dazu geführt haben, dass dem Faschismus nicht widersprochen wurde. In der Tat war das auch der erschreckende Fehler des Humboldt'schen Neuhumanismus, dass zwischen Utilität und Humanität, zwischen allgemeiner und beruflicher Bildung ein Gegensatz aufgebaut wurde, der den überheblichen Separatismus des Bildungsbürgertums begünstigte. Ob Max Horkheimer, Helmut Schelsky[6] oder Jürgen Mittelstraß[7] – sie alle lassen keinen Zweifel daran, was aus ihrer Sicht die Aufgabe der Universität ist: Bildung des individuellen Menschen als ein Bestandteil der Kultivierung der gesamten Gesellschaft in Richtung auf mehr Humanität. Aber sie alle teilen gleichzeitig die bereits 1926 von Max Scheler vorgetragene Befürchtung, dass die Universität an der Überbrückung des Widerspruchs zwischen ihrer tatsächlichen utilitären Funktion und der Idee der Bildung zu zerbrechen droht.[8] Wollen wir überlegen, wie dieser Gefahr am sinnvollsten zu begegnen ist, sollten wir als Erstes fragen, was universitäre Bildung – heute – meinen könnte.

Zum Begriff der Bildung

Um keine Zweifel aufkommen zu lassen, möchte ich an dieser Stelle ankündigen, dass ich im Folgenden heftig plagiieren werde, denn alles Erforderliche dazu ist schon vor langer Zeit gesagt und geschrieben worden (nicht zuletzt von Wilhelm von Humboldt) und soll hier nicht zitiert werden.

Ich schlage vor, drei Komponenten der universitären und außeruniversitären Bildung zu unterscheiden, die sich in die Geschichte des Bildungsdenkens in Europa eingegraben haben.

Erstens die *Bildsamkeit*. Der Begriff klingt atavis-

tisch und muss erklärt werden, gleichwohl ist er hoch-
aktuell. Die klassische Bildungstheorie ging davon aus,
dass jeder Mensch bildungsfähig ist und ein wahrhaft
humanes Wesen werden kann – human im emphati-
schen Sinne der Selbstverpflichtung zu humanistischen
Grundwerten, wie sie beispielsweise in den Menschen-
rechten formuliert sind. Die Idee der Bildsamkeit war
theologischen Ursprungs. Man ging davon aus, dass
es für die Menschwerdung des Menschen ein Vorbild,
nämlich Gott, gebe und dass der Weg dorthin ein an
Christus gemahnender Leidensweg ist – ein harter,
steiniger Weg, wie er von den Dichtern des Hoch-
mittelalters bezeichnet wurde. Jeder Mensch kann also
menschlich werden, und es ist die Aufgabe der Universität, dafür zu sorgen, dass ihre Absolventen sich einer
solchen Humanität nicht nur verpflichtet fühlen, sondern auch entsprechend agieren.

Für die Universitätslehrer und -lehrerinnen bedeutet
dies, dass sie anerkennen und wertschätzen, dass ihre
Studierenden menschliche Wesen mit allen dazuge-
hörigen Fehlern und Widersprüchen sind und keine
Trivialmaschinen. Der Unterricht darf sich also nicht
auf die Vermittlung von Kompetenzen und Wissen
beschränken – das ist eine selbstverständliche Voraussetzung für alles Weitere – oder unter Absehung der
Individualität des Lernenden stattfinden.

Zweitens die *Selbstbildung.* Auch die zweite Kom-
ponente des Verständnisses allgemeiner Menschenbildung – Bildung als Selbstbildung – klingt zunächst
befremdlich. Man könnte sie zugespitzt so formulieren:

Es ist unmöglich, jemanden zu bilden (übrigens auch zu belehren, obwohl das mancher Pädagoge immer noch zu glauben scheint). Bildung ist immer ein Prozess der Selbstbildung. Der Mensch bildet sich selbst. Pindar hat das in dem Satz »Werde, der du bist« zusammengefasst. Kürzer und prägnanter kann man das nicht sagen. Das Handicap besteht darin, dass der Mensch nicht automatisch daran interessiert ist, sich human zu bilden. Er muss dazu aufgefordert werden. Für die Universität bedeutet dies, dass akademischer Unterricht nur dann akademisch ist, wenn er die nachwachsende Generation veranlasst, sich auch tatsächlich selbst zu bilden, das heißt, eine unverwechselbare Identität zu entwickeln. Der Lernende muss dazu gebracht werden, eine souveräne Persönlichkeit werden zu wollen, Verhaltenssicherheit und Urteilssicherheit zu entwickeln. Es ist nicht einfach, souverän zu sein. Was bedeutet es nämlich? Um eine, wie ich finde, immer noch gelungene Definition von Souveränität aus der Staatslehre  zu übernehmen: Souveränität heißt, den Ausnahmezustand selbst zu bestimmen. Eine souveräne, mit sich identische Persönlichkeit lässt sich nicht in Ausnahmezustände zwingen, sie lässt sich nicht zu Aufgaben zwingen, die sie nicht durchführen will, zu Meinungsäußerungen, die nicht die ihren sind, nicht zu angepasstem Verhalten um eines kleinen Vorteils willen, nicht zu Denunziation, nicht zum unbedingten Egoismus. Und sie ist ohne Furcht. Die souveräne Persönlichkeit ist, so gesehen, ganz »bei sich«.

Drittens die *Höherbildung der Menschheit.* Denn in

Frage steht ja, wozu das alles eigentlich gut ist. Wozu soll der Mensch sich selbst bilden, warum müssen wir auf seine Bildsamkeit eingehen? Dieses Ziel erfüllt sich nicht darin, dass der Einzelne nur um seiner selbst willen ein supersouveränes Leben führt, sondern seine Souveränität dient dazu, die Menschheit als ganze humaner werden zu lassen, eine Gesellschaft entstehen zu lassen, in der nicht Angst und Übervorteilung herrschen, sondern Sicherheit und Rücksicht. Man kann das auch ironisch formulieren: Es geht nicht darum, einer Idee des Bildungsbürgertums zu folgen und sicherzustellen, dass man als alerter Unternehmensberater in der Lage ist, bei allfälligen Partys Sätze wie diese zu produzieren: »Ich habe gestern die Netrebko gehört. Sie war wieder großartig. Dabei hat sie doch noch ein kleines Kind.« – Frage: »Was haben Sie denn von ihr gehört?« – Antwort: »Das weiß ich nicht, aber es war wunderbar.«

Mit anderen Worten: Es geht nicht um Halbbildung, sondern um eine sich höher bildende Menschheit im Sinne einer lebenswerteren Zukunft in einer besseren Sozialität als der vorgefundenen.

Was kann die Universität dazu beitragen? Sie darf sich nicht auf die Vermittlung von Kompetenz und Wissen beschränken, sondern muss auch die Fähigkeit und Bereitschaft zu Selbstreflexion und Kritik entwickeln helfen. Dabei bezieht sich Selbstreflexion auf das Individuum. Wer bin ich? Was will ich von mir und den anderen? Was will ich vom Leben? Was sind meine Pflichten? Wann darf ich am Ende des molekularen

Zufalls, der ich bin, sagen: »Es war gut, dass dieser Zufall stattgefunden hat«?

Die berühmte Kabarettistin Lore Lorentz hat gegen Ende der sechziger Jahre einmal in hinreißender Weise deutlich gemacht, dass es dabei nicht um Gleichmacherei, sondern um Ausgleich geht, indem sie etwa sagte: »Natürlich muss es möglich sein, dass ich mir einen teuren Fummel von Cerruti kaufe. Wenn dies aber auf Kosten derjenigen geschieht, die gar nicht wissen, was das ist, dann wäre es besser, wenn ich mich in Sackleinen hüllen würde.«

Reden wir darüber mit unseren Studierenden? Nein? Genau das ist jetzt aber unsere Aufgabe geworden, nachdem das Gymnasium sie nicht mehr wahrnehmen kann und seine Lehrer aus Angst vor Verfehlungen oder aus Gleichgültigkeit darauf verzichten, diese Themen anzusprechen. Wir sind unversehens auch zu einer Erziehungseinrichtung geworden, zu einer bildenden, natürlich.

Nimmt man als Bildungseinrichtung diese drei Komponenten so ernst, wie es sich gehört, ergeben sich daraus zahlreiche und gravierende methodische Folgen für den akademischen Unterricht. Was bedeutet es für die alltägliche Arbeit der Dozenten und Seminarleiter, wenn sie in diesem Sinne allgemeine Menschenbildung möglich machen wollen? Im Folgenden zumindest ein paar tastende Andeutungen.

Den Menschen als bildsames Wesen zu betrachten muss ja wohl bedeuten, dass die Lehrenden mehr tun, als sich nur um den Lernerfolg der Studierenden zu bemühen, und ihn oder sie als ganze Person ins Auge fassen. Idealerweise sollte es an unseren Universitäten etwa für jeden Studenten und jede Studentin eine Lehrperson geben, die mehr über ihn oder sie weiß und sich mehr kümmert, als dies in einer Massenveranstaltung möglich ist. Das macht Arbeit und kostet Arbeitszeit (die aber besser angelegt wäre als bei der Konstruktion von Modulhandbüchern). Noch Anfang des 20. Jahrhunderts, vor dem Faschismus, hat man so etwas als »bildende Begegnung« bezeichnet. Wir sollten uns also die Frage stellen: Wie schaffen wir es, dass jeder Absolvent und jede Absolventin einer Universität am Ende auf die Frage »Hatten Sie bildende Begegnungen mit Lehrenden?« antworten kann: »Jawohl, mit ...« – und dann muss der Name einer oder mehrerer Personen kommen, mit denen es zu einer humanen Auseinandersetzung kam.

Es folgt eine weitere, ebenso wichtige Frage: Wie schaffen wir es, dass sich die Studierenden veranlasst fühlen, bewusst und mit dem ganzen Elan ihrer Jugend in den Prozess der Selbstbildung einzutreten? Wie kann heutzutage eine Aufforderung zur Selbsttätigkeit aussehen? Selbsttätigkeit, so viel ist sicher, wird nicht dadurch gefördert, dass man Vorlesungen hält, Skripte ausdruckt oder Internet-Materialien in Massen zur Verfügung stellt, denn eines wissen wir von erfolgreichem Unterricht sehr genau: Unterricht, der nicht in irgendeiner Form der Problemlösung dient, der Lösung von wirklich existierenden Problemen und nicht von simulierten zum Zwecke des Unterrichts, ist gar kein richtiger Unterricht. Das bedeutet: Projektunterricht und das Ausschwärmen aus der Universität an Plätze, wo Probleme einer Lösung harren. Das ist zugegebenermaßen in geistes- und sozialwissenschaftlichen Fächern leichter als in der theoretischen Physik. Aber auch dort ist die Frage nach der Selbstbildung und dem Sinn des Ganzen nicht verboten und die Antwort nicht vorgegeben. Ich habe unlängst einen Physiker danach gefragt, warum er Physiker geworden ist. Seine Antwort fand ich, vorsichtig formuliert, nicht vollständig: »Ich weiß nicht, warum. Materie interessiert mich eben. Ich interessiere mich nicht für Menschen.«

Und dann ist da noch die heikelste Frage von allen: Wie vermitteln wir Selbstreflexion und Kritik? Die Antwort ist sehr einfach: Wir vermitteln sie nicht. Das geht nämlich nicht. Die Lust auf Selbstreflexion und Kritik entsteht erst dann, wenn die Lernenden bei ihren Lehrern und Lehrerinnen erfahren, dass diese sich selbst in Frage stellen, dass sie selber Selbstreflexion betreiben, dass für sie nicht alles selbstverständlich ist und dass sie vieles nicht wissen und das auch zugeben können. Niemand verliert seine Professur, weil er den Studierenden auf eine komplexe Frage antwortet: »Das weiß ich nicht.« In dem hinreißenden Film »Yentl« mit Barbra Streisand schwärmt ein Talmud-Schüler von seinem Rabbi: »Unser Rabbi ist ein Genie [...] – für zehn Fragen findet er eine Antwort.« Und Yentl, die von ihrem Vater unterrichtet worden ist, antwortet: »Mein Vater weiß auf jede Antwort zehn Fragen.«

Mit Kritik ist nicht in erster Linie Seminarkritik gemeint, die ja ganz nett und aufschlussreich sein kann, sondern die Kritik an den wissenschaftlichen Methoden und Zielsetzungen. Das kann die Frage nach der Legitimität stereotaktischer Untersuchungen in der Neurochirurgie betreffen, die Dechiffrierung antiker Scherben, auf denen wir etwas über den Weinkonsum von Soldaten ablesen, oder die Frage, ob aus pädagogischer Sicht die Inklusion oder die Integration behinderter Menschen vorzuziehen ist. Wenn wir aber schon von der Gesellschaft beauftragt werden, Erkenntnisse zu gewinnen, müssen wir auch fragen, ob und inwiefern unser Leben durch die Erkenntnisse ein besseres sein wird. Wem nutzen, wem schaden unsere wissenschaftlichen Erkenntnisse? Das fängt bei den Labormäusen an und reicht bis zu den Menschen und Menschengruppen, deren Leben sich durch die aktuellen Forschungen tiefgreifend verändern wird. Dazu muss man lernen, Indoktrination von Wissen zu unterscheiden, Wissen von Ideologie, Ideologie von Glauben, Glauben von Aufklärung – überhaupt Aufklärung: Das muss wohl das Ziel sein. Was sonst?

All diese methodischen Überlegungen münden in der Frage nach den Unterrichtsformaten. Die Beispiele, die ich bis hierhin gegeben habe, beziehen sich eigentlich ausnahmslos auf die Gestaltung des täglichen Unterrichts. Die allgemeine Menschenbildung als Reflexionselement kann und soll Teil jeder Stunde sein, in der Unterricht stattfindet und Gelehrtes geprüft wird, ob es sich dabei nun um Seminare, Vorlesungen, Übungen oder selbstorganisierte Einheiten wie Tutorien handelt.

Sie muss Bestandteil jedes Curriculums, jeder Studienordnung oder von mir aus auch jedes Modulhandbuchs sein.

Es wird auch nicht genügen, bestimmte Lehrveranstaltungen unterschiedlicher Fächer für Hörer aller Fakultäten freizugeben, obgleich auch das schon löblich ist, damit der Tellerrand etwas weiter wird. Sondern wir brauchen spezifische Veranstaltungen, die sich den großen Fragen widmen – die natürlich umstandslos »examensrelevant« anerkennungsfähig sein müssen.

Auch wäre denkbar, dass solche Veranstaltungen, die in der Tradition der »Septem Artes Liberales« stehen, zu einem eigenen Fach gemacht werden. In vielen Ländern, insbesondere in der atlantischen Welt, die zu kopieren wir genötigt werden, existiert »Liberal Education« als Bestandteil des Lehrplans oder Fach, das als eines von zwei Fächern im BA-Studium, aber auch im Master Studium gewählt werden kann und häufig auch muss. In den USA und gerade beginnend auch in China werden diese Studien erweitert. Man kann sich sogar vorstellen, dass eine fakultätsübergreifende Einheit gebildet wird, die für ein solches Fach verantwortlich ist. Angesichts des großen Bedarfs an Antworten auf die ebenso großen Fragen unserer Zeit bin ich völlig sicher, dass ein solches Fach auch ein großer Erfolg würde.

Und man wird sogar noch weitergehen können: »Liberal Arts« als ganzer Studiengang. Zu Beginn des 20. Jahrhunderts ist in der atlantischen Welt aus dem offenkundigen Defizit an allgemeiner Menschenbildung sogar die Konsequenz gezogen worden, ganze

Colleges als Liberal-Arts-Colleges auszuweisen. Einige von ihnen gehören zu den begehrtesten Hochschulen überhaupt. In Deutschland gibt es bisher zwei kleinere Hochschulen, die darin ihren, wie es heutzutage heißt, »Unique Selling Point« sehen. Tatsächlich muss es uns natürlich um einen »Unique Education Point« gehen!

Nun mag sich mancher fragen: Muss denn tatsächlich wieder so viel verändert werden? Können wir nicht einfach alles so lassen, wie es ist? Macht das nicht zu viel Arbeit?

Meine Antwort darauf fällt entschieden aus: Ja, wir müssen uns ständig ändern, wenn wir nicht wollen, dass unsere Universitäten Torfstecher und Moorsoldaten ausbilden, eine Metapher, die, wie sich geschichtsbewusste Zeitgenossen gewiss erinnern, einer bitteren historischen Realität gefolgt ist. Ja, wir müssen unsere Bildungsstätten weiterentwickeln, um in einer sich stetig verändernden historischen Wirklichkeit handlungsfähig zu bleiben. Und ja: Nur wenn deutsche Universitäten auch in Zeiten der verschärften Globalisierung Träger des Bildungsgedankens bleiben, werden wir uns den kommenden Herausforderungen gewachsen zeigen.

Bildungsstandort Europa

Zentrales Argument der Bologna-Rhetorik war und ist die vermeintliche Stärkung des »Bildungsstandortes Europa« durch die Reformen. Gemeint wird damit vor allem eine Verbesserung unserer Innovationsfähigkeit, unserer Fähigkeit, in einer starken trans- und internationalen Forschungs- und Entwicklungslandschaft ein unverwechselbares und starkes Profil zu entwickeln. (*Ein* Maßstab dafür ist die Zahl der ausländischen Studierenden, die lieber in Berlin oder Wien studieren als – beispielsweise – in Western Connecticut.) Ich möchte im Folgenden der begründeten, aber grundfalschen Wahrnehmung entgegentreten, nach der sich Bildung, so wie sie hier in Anschluss an das klassische Ideal verstanden wird, und Innovation widersprechen sollen, das eine gar dem anderen im Wege steht.

Doch zuerst möchte ich ein wenig Begriffsklärung betreiben: Was genau meinen wir eigentlich, wenn wir von den Herausforderungen der Europäisierung und vor allem der Globalisierung sprechen? Und was heißt in diesem Zusammenhang Innovation und Innovationsfähigkeit?

Globalisierung bezeichnet das Zusammenwirken von vier makrostrukturellen Entwicklungen, die seit den achtziger Jahren exponentiell wirksam sind[8]: *Erstens* die zunehmende Internationalisierung von Finanz-, Produkt- und Arbeitsmärkten; aus dieser Entwicklung folgen neue Formen der Arbeitsteilung über Ländergrenzen hinweg mit entsprechenden Anforderungen an die Arbeitnehmer.

Die Internationalisierung der Märkte impliziert *zweitens* einen verstärkten Wettbewerb zwischen den nationalen und regionalen Standorten. Diese Wettbewerbsentwicklung führt zu einer zunehmenden Liberalisierung, Privatisierung und Deregulierung im

Bildungssektor. Für den Einzelnen bedeutet diese Entwicklung vor allem einen merklich stärkeren Wettbewerbsdruck. Er konkurriert auf dem Arbeitsmarkt nicht mehr nur mit ähnlich qualifizierten Landsleuten, sondern zumindest potentiell mit allen Arbeitssuchenden dieser Welt.

Die Globalisierung der Märkte wurde *drittens* erleichtert und teilweise erst ermöglicht durch den sprunghaften Fortschritt neuer Informations- und Kommunikationstechnologien. Die mit ihnen verbundenen Möglichkeiten führen auch zur Anforderung an den Einzelnen, mit diesen Technologien umgehen zu können. Im Bildungs- und Fortbildungssektor wird in der Folge eine ganze Palette neuer Fähigkeiten vermittelt – vom Umgang mit einzelnen, allgemein gängigen Programmen (Word, Excel, PowerPoint usw.) über grundlegende Programmierkenntnisse, beispielsweise für Websites, bis zur sicheren Verwendung komplizierter Steuerungssoftware.

Für die einzelnen Standorte bringt die Globalisierung der Märkte *viertens* eine höhere wirtschaftliche Instabilität und Vulnerabilität mit sich. Ihren bisher extremsten Ausdruck hat sie in der Finanzkrise gefunden, deren langfristige Folgen für die Marktwirtschaft, das staatliche Handeln und die Gesellschaft gegenwärtig nicht vorhersagbar sind. Rein strukturell werden Gewalt, soziale Not und eine Beschleunigung des Werteverfalls wahrscheinlicher.

Diese vier Entwicklungen haben im 20. Jahrhundert tiefgreifende Folgen für die Bildungssysteme nach sich gezogen, so etwa einen allgemeinen Trend zur »mass education«[10] und zu wachsenden Gemeinsamkeiten zwischen den nationalen Bildungssystemen – beispielsweise die Herausbildung einer staatlichen Bildungsadministration, eine professionalisierte Ausbildung des Lehrpersonals und eine wachsende Qualitätskontrolle. Teure Bildungsprogramme im Universitätsbereich wie »Erasmus« für den internationalen Austausch von Studierenden und Lehrenden oder »Leonardo da Vinci« zur Vernetzung von Hochschulen und Unternehmen oder »Tempus« für Struktur- und Ergänzungsmaßnahmen innerhalb des europäischen Hochschulsystems haben zu einer beschleunigten Vereinheitlichung zumindest innerhalb Europas geführt. Der Bologna-Prozess ist gewissermaßen der Kulminationspunkt dieser langfristigen Entwicklung.

An die einzelnen Studierenden werden vor dem Hintergrund der Globalisierung Verhaltens- und Qualifikationserwartungen herangetragen, auf die die universitären Ausbildungsprozesse heute nicht vorbereitet sind, schon gar nicht nach der Bologna-Reform.

Zu diesen Erwartungen gehört, dass junge Leute lernen müssen, ihr heuristisches Vorgehen zu rationalisieren. Anstatt zu tun, was ihnen gerade in den Sinn kommt, sollen sie ihr wissenschaftliches Handeln an durchdachten Strategien ausrichten. Dies ist umso wichtiger, als diese wissenschaftliche Propädeutik in den Curricula der Gymnasien keine nennenswerte Rolle spielt.

Die Studierenden müssen auch lernen, mit Ambiguitäten und Kontingenzen umzugehen – also Strategien entwickeln für den Umgang mit dem Unvorhergesehenen und Uneindeutigen. Anzustreben ist eine funktionierende Balance zwischen dem Offenhalten von Optionen und nachhaltigen eigenen Entscheidungen, sowohl im privaten Raum sozialer Beziehungen als auch in Bezug auf Ausbildung und Beruf. Kurz, sie müssen lernen, Zukunft zu denken, auch dann, wenn sie nicht vorhersagbar scheint.

Die jungen Studierenden müssen lernen, ihr subjektives Gefühl, nicht ausreichend informiert zu sein, zu überwinden. Paradoxerweise resultiert dieses Gefühl aus der enormen Informationsfülle, die das Netz zu jedem beliebigen Zeitpunkt ihres Studiums für sie bereithält. Notwendig ist also die Entwicklung von Routinen, Wahrnehmungsfiltern und Techniken, die ihnen einen selbstbestimmten und selbstbewussten Umgang mit der Informationsflut ermöglichen. Dazu gehört auch, das blinde Vertrauen auf Äußerungen im öffentlichen Raum abzulegen. Expertenäußerungen stellen selten das letzte Wort in einer Angelegenheit dar, Wikipedia-Artikel entsprechen nicht immer dem aktuellen Forschungsstand, und hinter Politikerversprechen stehen in der Regel bestimmte politische Interessen, die es zu analysieren gilt.

Allgemein gesprochen hat die Universität die Aufgabe, die allfällige Neigung zur Volatilität des individuellen Verhaltens – die Neigung zur Erzeugung von noch mehr Unsicherheit – in die Fähigkeit umzuwandeln, die Chancen des Globalisierungsprozesses für den eigenen Lebenslauf nutzbar zu machen. Dies setzt voraus, dass junge Menschen lernen, trotz aller Unsicherheiten rational zu handeln, also Wahrscheinlichkeiten zu kalkulieren, Handlungsoptionen abzuwägen, Intuitionen nur zuzulassen, wenn sie auf Erfahrung beruhen, eigene Urteilsfähigkeit und rationale Entscheidungsbereitschaft zu entwickeln. Dafür benötigen sie allerdings ein »stabiles Instabilitätsbewusstsein«. Aussagen sollten stets auf der Basis selbstbeschaffter Informationen überprüft werden, wobei die Bereitschaft zentral ist, eigene Urteile zu korrigieren und Entscheidungen bewusst zu treffen.

Die Voraussetzung dafür ist mehr denn je, dass junge Menschen an der Universität lernen, wissensbasiert zu handeln und zu urteilen. Das bedeutet, dass sie ein solides Wissen über Sachverhalte benötigen, ein Wissen über seriöse Informationsquellen und Institutionen der Beratung, ein Wissen über das Entscheidungsverhalten in anderen Kulturen und ein Wissen über geeignete Strategien, eigene Entscheidungen zu treffen. Sie müssen lernen, nicht linear zu denken, sondern ihre Ziele selbst zu strukturieren und zielorientiert zu handeln; sie benötigen die Fähigkeit zur Analyse von Situationen, in denen sie sich befinden, die Bereitschaft zur laufenden Evaluation des eigenen Verhaltens und die Überwindung der »Schamschwelle«, die sie daran hindert, über Unsicherheit zu kommunizieren.

Was für ein Programm! Ich denke, wir dürfen davon ausgehen, dass Studierende, die diese Herausforderungen annehmen, ein paar Jahre lang ganz gut beschäftigt sind – in ein oder zwei Bachelor-Modulen lassen sich diese grundlegenden Fähigkeiten jedenfalls nicht erlernen. Dafür dürfen wir dann auch davon ausgehen, dass Menschen, die in dieser Hinsicht nennenswerte Erfolge vorzuweisen haben, grundsätzlich »zukunftstauglich« sind. Dass sie Innovationen zu schätzen wissen oder im Laufe ihres wissenschaftlichen Werdegangs oder ihres Arbeitslebens die eine oder andere Innovation auch selbst herbeiführen. Aber natürlich ist mit technischer, ökonomischer und sozialer Innovation mehr gemeint als die Innovation an den Lernenden selbst. Was könnte diese Innovation ausmachen?

Ich habe kurze Zeit im Beirat einer Einrichtung mitgewirkt, die von der Deutschen Telekom-Stiftung und dem Bundesverband der deutschen Industrie betrieben wird, dem Innovationsindikator Deutschland. Das Deutsche Institut für Wirtschaftsforschung berechnet jährlich für uns das Maß der Innovationsfähigkeit Deutschlands im Vergleich zu anderen Ländern und greift dabei auf 180 Einzelindikatoren für die Innovationsfähigkeit eines Landes zurück. Diese werden gewichtet und in einem komplexen Modell zueinander in Beziehung gesetzt.[11] Die Betrachtung der einzelnen Indikatoren zeigt, dass unterschiedliche gesellschaftliche Subsysteme herangezogen werden müssen, um die Innovativität eines Landes zu beschreiben: So gehört das Wirtschaftssystem mit Komponenten wie Finanzierung, Nachfrage, Umsetzung von Ideen in Produktion und Vernetzung, aber auch das politische System mit Komponenten wie Regulierung und Wettbewerb dazu. Wichtig ist auch das allgemeine gesellschaftliche Innovationsklima, wozu zum Beispiel die innovationsfreundliche Nachfragebereitschaft der Konsumenten gehört, vor allem aber auch das Bildungs- und Erziehungssystem mit den Komponenten Forschung/Entwicklung und Ausbildung.

Wissen wir jetzt, was Innovation ist? Wenn ich mir die bunten Broschüren von Innovationspropagandisten anschaue, dann finde ich Bilder von Google, Windkraftwerken oder digitalen Fotokameras. Zweifellos, das sind gigantische Konsumantreiber, aber was ist an ihnen innovativ? Windmühlen gab es bereits in der Antike, zur Suche nach Informationen diente der gute alte Schlagwortkatalog der Bibliothek, und klassische Fotoapparate wie die Hasselblad produzieren nach Auffassung professioneller Fotografen unter Umständen bessere Bilder als digitale Kameras.

Nein, unter Innovationen stelle ich mir etwas anderes vor. »Thinking outside the box« hat der Management-Theoretiker John Adair das genannt. Der Satz des Pythagoras war eine Innovation, das Konzept der Null, die Zahl Pi, die Relativitätstheorie und die Entdeckung der DNA. Oder im Bereich der Sozialwissenschaften der »Contrat social« Rousseaus, Adam Smiths *An Inquiry into the Nature and Causes of the Wealth of Nations*, die Erfindung des Papiergeldes, die Einführung der doppelten Buchführung durch Luca Pacioli oder die Ausgabe von Aktien durch die Niederländische Ostindien-Kompanie. Nicht alles, aber manches davon ist an Universitäten entstanden, und vielleicht wäre es mehr, wenn man ihnen von Anfang an mehr Freiheit eingeräumt hätte.

Menschen tun etwas Innovatives, wenn sie etwas vor anderen entdecken, neue Kombinationen alter Konzepte ersinnen oder Muster in Strukturen erkennen, in denen sonst niemand etwas sieht. Dass Innovationen ohne eine gewisse Versessenheit und Ausdauer nicht zu haben sind, kann als ausgemacht gelten: Das Novum besteht aus 95 Prozent Perspiration und fünf Prozent Inspiration.

Wenn wir über Innovation sprechen, dann sprechen wir nur über einen Teil der nachwachsenden Universitätsgeneration. Die jungen Menschen, die wirkliche Innovationen, also wissenschaftlich erarbeitete Neuheiten, hervorbringen, sind Menschen, die über ungewöhnliche Intelligenz verfügen, über Neugier und Interesse, über ein breites Wissen, über Optimismus und Durchhaltevermögen, und die das Glück haben, in einer sozialen Umgebung tätig zu sein, die Innovation in diesem Sinne auch wertschätzt. Es ist nicht einfach zu beschreiben, wie solche Talente gefördert werden können. Denn die meisten Determinanten dafür sind heute noch unbekannt. Neben all dem Wissen und der Intelligenz und dem Durchhaltevermögen kommt aber in jedem Fall etwas hinzu, was unsere Universität nach Bologna kaum noch bietet: Zeit zu spielen, Zeit für Tagträume und Phantasien, für die Suche nach Lösungen auch für scheinbar abwegige Probleme. Es braucht die Bereitschaft der Universität, verrückte Ideen zu respektieren und nicht lächerlich zu machen, und die

Möglichkeit, Autoritäten in einen kritischen Dialog zu verwickeln.

Was hat all das mit Bildung zu tun? Oder mit dem klassischen Bildungsbegriff, von dem dieses Kapitel seinen Ausgangspunkt genommen hat? Die hier skizzierten Herausforderungen für die Institution der Universität, die Lehrenden und die Studierenden klingen jedenfalls nicht so, als ob ein Unterrichtsingenieur in der Universität sie ohne weiteres umsetzen könnte. Aber genau das ist auch das Missverständnis von universitärem Unterricht, dem die Bologna-Reform und viele Bildungseinrichtungen des dritten Sektors weltweit unterliegen. Es wird so getan, als ob Innovationsbedarf und Globalisierung kategorial neue Erscheinungen seien und deswegen auch zu völlig anderen Formen des Universitätsunterrichts führen müssten, als sie klassischerweise einmal konzipiert waren. Aber die Annahme, dass unsere heutige Wirklichkeit sich fundamental von derjenigen Humboldts unterscheidet, ist falsch. Das heißt nicht, dass die Rahmenbedingungen dieselben sind und dass deswegen so weitergemacht werden könnte wie bisher. Aber es heißt, dass wir sorgsam prüfen sollten, von welchen Ressourcen der klassischen Universität wir uns wirklich verabschieden wollen und wo nicht doch das Alte auch das Bewährte ist. In jedem Fall spricht es dafür, sich eine gesunde Skepsis gegenüber Modernisierungsversuchen zu bewahren, die in ihrem selbstbezüglichen Regelungsextremismus vor allem eine besonders wortreiche Form der Geschichtsvergessenheit darstellen.

1963 hat der deutsche Soziologe Helmut Schelsky in seinem berühmten Buch *Einsamkeit und Freiheit* dafür geworben, dass die Universität die Verpflichtung habe, zum Weltbürgertum zu erziehen, was vor 50 Jahren noch nicht selbstverständlich war. Er schrieb:

Reales Weltbürgertum bedeutet, dass das Individu- um in unserer historischen Situation sein persön- liches, geistiges und sittliches Vollkommenheits- streben verbinden muss mit der wirtschaftlichen, technischen, sozialen, politischen und kulturellen Gestaltung jener Gesellschaften und Kulturen, die jetzt im Welthorizont zu einer einheitlichen Zivi- lisation zusammenwachsen. Das Aufbrechen der Kulturkreise, das damit verbunden ist, wird auch vor unserem eigenen nicht Halt machen, und ihn als solchen bewahren zu wollen, hieße, sich in der Enge begraben. Nur wenn wir das Wort »Welt« ganz realistisch ernst nehmen, können wir diesen Bildungsauftrag noch mit den Sätzen Wilhelm von Humboldts ausdrücken, die er am 9. Oktober 1804 an seine Frau schrieb: »Wer, wenn er stirbt, sich sa- gen kann: ›Ich habe soviel Welt, als ich konnte, er- fasst und in meine Menschheit verwandelt‹, der hat sein Ziel erfüllt. […] Er hat getan, was im höheren Sinn des Wortes Leben heißt, und es ist Torheit, das Leben einem fremden Zweck unterwerfen zu wollen.«[12]

Mit diesem Rückgriff auf das klassische deutsche Universitätsideal im Zusammenhang mit dem auch damals bereits stattfindenden Globalisierungsprozess erinnerte Schelsky daran, dass die Universität auch für denjenigen, der keinen wissenschaftlichen Beruf ergreifen will, eine Chance bereithält, mit den Herausforderungen der Globalisierung umzugehen. Es ist nämlich auch eine Haltung, eine Attitüde, die an der Universität vermittelt wird. Die dort erworbene Haltung der Wissenschaftlichkeit ist etwas anderes als das positive Wissen, das der Graduierte nach der letzten Prüfung mit nach Hause nimmt. In der Universität ist zu lernen, was die Hingabe an einen Gegenstand bedeutet, das besonnene Abwägen zwischen zwei gleichermaßen schwierigen Alternativen, die Selbstkritik nach einer gründlichen Auseinandersetzung mit der Meinung anderer – alles ganz fraglos Schlüsselqualifikationen für ein erfolgreiches Leben und Arbeiten unter den Bedingungen einer globalisierten Moderne.

Werte, Wahrheit, Wissenschaft

Aber sind diese Erwartungen an die Universität nicht etwas überzogen? Hat sich das Konzept wissenschaftlicher universitärer Bildung tatsächlich als beste Möglichkeit der Allgemeinbildung historisch bewährt? Waren es nicht auch Wissenschaftler von Spitzenuniversitäten, die Menschenversuche mit KZ-Opfern machten? Waren es nicht exzellent ausgebildete Wissenschaftler, die die Atombombe erfanden und das Senfgas? Und sind es nicht Wissenschaftler, die heutzutage – und übrigens schon seit der zweiten Hälfte des 19. Jahrhunderts – Optimierungsformeln zur Kapitalmaximierung entwickeln, ohne Rücksicht auf Verluste?

Die Zweifel sind berechtigt. Sie richten sich aber nicht gegen das klassische Universitätsideal, sondern gegen das, was daraus gemacht wurde. Betrachtet man nämlich den Missbrauch wissenschaftlichen Wissens in der Geschichte genauer – jene Momente, in denen das Wissen nicht zur Verbesserung des menschlichen Lebens, sondern *gegen* es eingesetzt wurde –, dann stellt man fest, dass dies eher durch die Abkehr vom Humboldt'schen Universitätsideal geschehen ist. Möglich wurde es, weil die moderne universitäre Wissenschaft nicht selten als wertfrei konzipiert wurde. Schon Friedrich Schelling hat in seiner Vorlesung *Über den absoluten Begriff der Wissenschaft* aus dem Jahr 1803, die ebenfalls zu den Gründungsschriften der Berliner Universität gerechnet werden darf, versucht, »die Idee des an sich selbst unbedingten Wissens« von der Sphäre des Handelns abzutrennen.[13] Diese Einstellung hat in der Geschichte der deutschen Universität eine große Rolle gespielt. Die angebliche Wertfreiheit der Wissenschaft hat den Weg dazu geöffnet, Wissen für die Schlachtfelder von Verdun ebenso zur Verfügung zu stellen wie für die Gaskammern von Auschwitz. Aber das war nicht notwendigerweise so. Einer der wichtigsten Väter der deutschen Universität, der hinter dem Namen Humboldt häufig zurücktreten musste, Johann Gottlieb Fichte, sah die Sache nämlich ganz anders:

Man studiert ja nicht, um lebenslänglich und stets dem Examen bereit das Erlernte in Worten wieder von sich zu geben, sondern um dasselbe auf die vorkommenden Fälle des Lebens anzuwenden, und so es in Werke zu verwandeln. Es nicht bloß zu wiederholen, sondern etwas anderes daraus und damit zu machen; es ist demnach auch hier letzter Zweck keineswegs das Wissen, sondern vielmehr die Kunst, das Wissen zu gebrauchen. Nun setzt diese Kunst der Anwendung der Wissenschaft im Leben noch andere, der Akademie fremde Bestandteile, Kenntnis des Lebens nämlich, und Übung der Beurteilungsfähigkeit der Fälle der Anwendung voraus, und es ist demnach von ihr zunächst nicht die Rede.[14]

Fichte argumentiert hier unausgesprochen lernpsychologisch, indem er deutlich macht, dass nur gelernt wird, was im Tun gelernt und »mit klarem und freiem Bewusstsein durchdrungen« wird. Von der Universität verlangt er also die Vermittlung einer Fähigkeit, von der noch Anfang des 21. Jahrhunderts oftmals so getan wird, als hätte man sie gerade neu entdeckt. Die Aufmerksamkeit solle zunächst nicht auf das Lernen gerichtet werden, »sondern auf die Bildung des Vermögens zum Lernen«, auf das Lernen des Lernens also.[15] Diese Fähigkeit bezeichnet Fichte als »Verstand«, um daraus den Sinn der Universität abzuleiten, nämlich »eine Schule der Kunst des wissenschaftlichen Verstandesgebrauchs« zu sein.[16] Dem wissenschaftlichen Lernen an der Universität kommt also eine herausragende Rolle zu, weil Fichte der Wissenschaft die Fähigkeit zutraut, verstandesbildend zu sein.

Aber damit nicht genug. Wilhelm von Humboldt geht noch einen Schritt weiter, wenn er der Wissenschaft auch zutraut, nicht nur den Verstand herauszubilden, sondern sogar Humanität, also nicht irgendeinen Verstandesgebrauch, sondern einen solchen, der zur »Höherbildung der gesamten Menschheit« geeignet ist. Das kann nun nicht irgendeine Wissenschaft leisten, sondern nach Humboldts Auffassung nur eine solche, die mit dem Studium der klassischen Philologie verbunden ist. Humboldt war nämlich von dem Gedanken geprägt, dass die Idee des humanen Menschen, wie sie die griechische Philosophie entwickelte, aufs engste mit der griechischen Sprache verknüpft ist. Dies folgte für ihn aus seiner Sprachphilosophie, nach der die Sprache als dynamische Kraft (Energeia) zu denken sei, die nicht nur die Mentalität beeinflusse, sondern über diese auch das Verhalten. Wenn es also gelänge, junge Menschen schon im Gymnasium mit der griechischen Sprache vertraut zu machen, dann erwürbe der Mensch auch Humanität. Auf diese Weise sei die Universität nicht nur eine verstandesbildende Einrichtung, sondern fördere auch die Vernunft im eigentlichen, humanen Sinne.

Diese komplizierte und nicht ganz unidealistische Konstruktion verdankt sich einer theologischen Quelle. Es ist der Gedanke, dass mit Gottes Schöpfertat das Gute prinzipiell im Menschen angelegt und dass es die

Aufgabe der Erziehung sei, diese gute Humanität auch zum Vorschein zu bringen. Genau hier kommt die »Bildung« ins Spiel. In diesem Begriff ist die Vorstellung enthalten, dass das Vorbild, das Gott gibt, die »Imago Dei«, sich im Menschen spiegelt. Jemanden zu bilden heißt also, ihn auf dieses Bild auszurichten.

Zu dieser Bildungsphilosophie gehören, wie wir gesehen haben, noch zwei weitere Kerngedanken: zum einen die Vorstellung, dass mit der so gestalteten Bildung des Einzelnen die Menschheit als Ganzes sich im positiven Sinne weiterentwickeln würde, also dass »Höherbildung« möglich sei. Und zum Zweiten die Vorstellung, dass »Bildung« kein Vorgang ist, den ein Lehrer an jemandem vornehmen kann, sondern immer »Selbstbildung« ist. Darin steckt eine inzwischen empirisch überprüfte und durch neurowissenschaftliche Erkenntnisse gestützte Überlegung, der zufolge das lernende Bewusstsein sich seine Wirklichkeit selbst konstruiert. Lernen ist unvermeidlich. Die Ergebnisse eines Lernprozesses sind von außen nicht zu determinieren. Aber je anregender die Lernumwelt ist, zu der auch die Universität gehört, desto wahrscheinlicher ist es, dass das lernende Bewusstsein sich unter dieser Irritation weiter ausdifferenziert. Der nach dem Bilde Gottes herausgebildete Verstand ist also in der Lage, den Menschen durch Selbsttätigkeit zu bilden und in diesem Vorgang Humanität zu entwickeln.

Für die Universität bedeutet dies, dass der Student durch forschendes Lernen einen Verstand herausbildet, der ihm einerseits anwendbares Wissen verschafft und andererseits eine humane Beurteilungsfähigkeit, welche die Grundlage für das moralische Handeln ist. Die Universität erfüllt deshalb eine denkbar große Aufgabe: Sie hat die Weiterentwicklung zu einer humanen Welt zu verantworten, indem sie die im forschenden Lernen stattfindende Herausbildung von Wissen und humaner Verhaltenssicherheit gewährleistet.

Die Väter der klassischen deutschen Universität, die so viele Nachahmer in der gesamten Welt gefunden hat, waren sich nicht zu schade, den universitären Unterricht in allen Details zu beschreiben. Wer ihre 200 Jahre alten Texte heute liest, ist überrascht von der genauen Beobachtungsgabe und der Tiefe ihrer teilweise erst heute empirisch verifizierbaren Gedanken. Jedenfalls entstanden auf diese Weise ein methodisches Arsenal und ein inhaltliches Curriculum für die Universität, das hinter dem heute nicht selten hohl gewordenen Schlagwort vom forschenden Lernen mitgedacht werden muss. So sollte sich dieses forschende Lernen etwa in »Einsamkeit und Freiheit« vollziehen, zwei wichtige Vorbedingungen einer »klassisch« funktionierenden Universität. Freiheit heißt Autonomie und damit Schutz vor staatlichen Übergriffen, den die preußische Regierung den neugegründeten Universitäten auch tatsächlich einräumte. Und Einsamkeit bezeichnet bei Humboldt nicht etwa die Lebenssituation des Lernenden oder Lehrenden – dass er beispielsweise ohne Kommunikation mit anderen zu forschen habe –, sondern ganz im Gegenteil geht es um eine Gelehrtengeselligkeit von Lernenden und Lehrenden, deren Einsamkeit lediglich in der jeweils individuellen Begegnung mit der Wahrheit besteht. Die Einsamkeit besitzt dabei durchaus etwas Erhabenes: Das Individuum steht vor der Wahrheit als vor dem Ungeheuren des Unerkannten, und in dieser Einsamkeit bildet sich seine Individualität heraus.

Grenzen eines Ideals

Wenn man an diese Gedankenspur heute erinnert, wird man freilich häufiger verständnisloses Kopfschütteln über solcherart komplexe und voraussetzungsvolle Ideen ernten als das »Heureka«, dem der Satz folgt: »Genau so müssen wir es machen!«

Wir müssen uns also fragen, warum diese Universitätsidee nach 200 Jahren nicht mehr trägt, so dass eine EU-bürokratische Hochschulreform wie der Bologna-Prozess überhaupt passieren konnte und für notwendig gehalten wurde. Für das, was als Scheitern zu bezeichnen ich zögern möchte, gibt es verschiedene Ursachen, die zum Teil tief ins 19. Jahrhundert zurückreichen.

Die Freiheit, die den Gelehrten und ihren Lernenden eingeräumt wurde, ging etwa so weit, dass sie auch zum Nichtstun, zum Plagiat, zur Fälschung bis hin zur wissenschaftlichen Korruption missbraucht werden konnte. Und die Zahl derjenigen, deren intellektuelles und moralisches Vermögen ausreichte, um durch Wissenschaft sich wirklich selbst bilden zu können, war immer verhältnismäßig gering. Die Einsamkeit wurde dagegen gern so missverstanden, dass der Gelehrte und sein lernender Student sich um die Wirklichkeit nicht kümmern mussten und nicht selten Wissenschaft als Glasperlenspiel betrieben. Die methodische Entwicklung der Wissenschaften tendierte dazu, eine eigene Entwicklungslogik herauszubilden, innerhalb derer der jeweils nächste wissenschaftliche Forschungsschritt sich nicht am gesellschaftlichen Bedarf, sondern an der nächsten interessanten wissenschaftlichen Frage orientierte, und sei sie auch noch so abstrus. In der Folge nahm die Entfremdung zwischen Wissenschaft und Öffentlichkeit zu – nicht von ungefähr entstand das Bild von der Universität als Elfenbeinturm.

Die Gelehrten und ihre Studierenden neigten zu einer sozialen Selbstisolation, indem sie der neuen sozialen Klasse des Bildungsbürgertums den Steigbügel hielten, das sich an die Stelle der Aristokratie schob und verächtlich auf den Rest der Gesellschaft hinabsah. Dass in Industrie und Handel das Geld verdient wurde, das man in den Universitäten ausgab, wurde dabei geflissentlich übersehen.

Innerhalb der deutschen Philosophie bildete sich Ende des 19. Jahrhunderts eine neue Richtung heraus, die sogenannte »Geisteswissenschaft«, die sehr mächtig war und ihr Verhältnis zur Wirklichkeit so definierte, dass es die Aufgabe der Wissenschaft sei, nicht Wirklichkeit zu erklären oder gar zu verändern, sondern nur zu verstehen. Dieses rein hermeneutische Verhältnis zur Wirklichkeit darf als eine Hauptursache für das Versagen der deutschen Universitäten vor den epochalen Verbrechen von Krieg und Völkermord gelten. Auch das Wertfreiheitspostulat der empirischen Wissenschaften war nicht geeignet, dieser Entwicklung etwas entgegenzusetzen, weil Wertfreiheit der Erkenntnis auch immer gern hieß, sich um die Folgen des eigenen Nachdenkens nicht scheren zu müssen. Erst in den sechziger und siebziger Jahren des vorigen Jahrhunderts ist das empirisch-analytische Wissenschaftsverständnis verstärkt der Kritik unterzogen worden – man denke an den Positivismusstreit und seine Folgen. In den letzten zwei Jahrzehnten hat es sich zwar wieder erholt, ohne jedoch ganz zur alten Stärke zurückzufinden. Man kann jetzt schon voraussagen, dass Rational-Choice-Theorien es infolge der Finanzkrise schwer haben werden, ohne normative Einschränkungen zu überleben.

Gleichwohl kann niemand daran interessiert sein, dass die Rationalität durch religions-, technik- und innovationsfeindliche Dogmen ersetzt oder eingeschränkt wird. Ein Bildungsbegriff etwa, der sich darin erschöpfen würde, von den Universitäten zu verlangen, Menschen zu guten Staatsbürgern, Muslimen, CO_2-Vermeidern oder Greenpeace-Spendern zu erziehen, wäre nicht nur abzulehnen, weil er dem Geist der freien Universität widerspräche, sondern auch weil es nicht funktioniert. Wir wissen empirisch sehr sicher, dass man niemanden rein kognitiv dazu erziehen kann, bestimmte Werte zu übernehmen und entsprechend zu handeln. Gott sei Dank, so mögen wir sagen, sind die Gedanken frei, und der Wille, ihnen zu folgen, ist es auch.

Angesichts der schwierigen Situation der Universitäten in den letzten Jahrzehnten des 20. Jahrhunderts leuchtet es ein, dass es nicht nur zu einer Reform der Universität kam, sondern auch zum Versuch einer Erneuerung ihrer ideellen Grundlagen, wobei Letzteres noch gründlicher schiefging als Ersteres. Ich verzichte darauf, die Deklarationsformeln von Lissabon bis Bukarest einer Inhaltsanalyse zu unterziehen. Das Ergebnis wäre grauenhaft. Es gibt wenige Texte aus der Bildungsgeschichte, die so gestanzt und inhaltsleer daherkommen wie das, was Politiker für die Zukunft der europäischen Universitäten beschlossen haben.

Dabei haben sie zunächst bei einer richtigen Analyse angesetzt. Die Beobachtung war ja zutreffend, dass die europäischen Universitäten sich in ihrer Qualität zwischen Polarkreis und Gibraltar massiv voneinander unterscheiden. Es war ebenfalls zutreffend, dass die nationalen Hochschulsysteme mit ihren unterschiedlichen Studienformen, Abschlusstypen und Unterrichtsformaten ein Zusammenwachsen Europas im dritten Sektor erschwerten. Oder dass viele Hochschulen nicht mehr den Eindruck erweckten, als ob sie sich in Forschung und Lehre für die Bedürfnisse, für die Gestaltung des besseren Lebens und die Vermittlung von Berufsfähigkeit für die nachwachsende Generation wirklich interessierten. Und sogar die Annahme, dass die europäischen Universitäten aus eigener Kraft nicht ohne weiteres in der Lage sein würden, Gemeinsamkeiten herauszubilden, war wohl zutreffend.

Wenn der Patient also schwer erkrankt war, dann mochte es tatsächlich angebracht gewesen sein, entschlossen zu handeln. Aber jeder Dorfarzt weiß, dass man einen Patienten gegen seinen Willen nur so lange behandeln kann und darf, wie er bewusstlos ist. Erwacht er, dann wird die beste Therapie ohne die Compliance des Patienten ins Leere laufen. Der Patient muss den Arzt konsultieren und nicht umgekehrt. Genau dies ist aber passiert. Es wäre also, um im Bild zu bleiben, richtig gewesen, den Patienten europäische Hochschule aus der Ohnmacht zurückzuholen, ihn seinen Leidensdruck spüren zu lassen und auf dieser Grundlage zu erwarten, dass er konsultationsbereit ist.

Stattdessen hat die europäische Politik die Universitäten in vergitterte Spitäler eingesperrt, an deren Eingang die Buchstaben »BA – MA – Ph.D.« prangen. Um nicht missverstanden zu werden: Es spricht nichts gegen die Vereinheitlichung von akademischen Prozessen, und es spricht auch nicht unbedingt alles dagegen, ausgerechnet die US-amerikanischen Abschlusstypen zu übernehmen, mit denen ganze 20 von 4800 amerikanischen Universitäten weltweit erfolgreich agieren. Das Problem ist vielmehr das kleinteilige Hineinregieren in die Gestaltung des Universitätsablaufs. Allein das Wort »Workload« im Zusammenhang mit Lernen zu verwenden und die wöchentliche Lernbelastung auf 40 Stunden zu reduzieren, um für die erfolgreiche Absolvierung der »Arbeitsstunden« dann den Monatslohn in Form von Credits auszugeben, ist eine derart absurde Perversion der Universitätsidee, dass man sich nicht wundern muss, dass Professoren und Studierende sich so benehmen wie Bergarbeiter, die völlig zu Recht gegen jede Stunde Mehrarbeit und für jeden Cent höheren Lohn kämpfen und streiken.

Dumm und ungebildet ist auch die Vorstellung, man könne den Berufsbezug der universitären Studien von Brüssel aus vorgeben. Wenn man sich anschaut, was an den einzelnen Universitäten aus der Vorgabe gemacht wird, dann ist man froh über die List der Vernunft, die diesen Unsinn unterläuft. So ist an vielen Universitäten neben dem Fachstudium ein Sondercurriculum eingerichtet worden, in dem Teamwork, Präsentation, Gleichbehandlung von Frauen oder Mandarin für Anfänger unterrichtet wird. Abgesehen von Sprachkursen sind solche Veranstaltungen völlig sinnlos, wenn sie von den Inhalten des Fachstudiums abgelöst werden und sich auf eine berufliche Wirklichkeit beziehen, von der in der Regel weder Professoren noch Studierende auch nur die Spur einer Ahnung haben. Präsentationen lernt man nämlich beim Präsentieren, Teamwork in der gemeinsamen Bearbeitung wissenschaftlicher Aufgaben, das wusste Humboldt schon besser – und wer Frauen schlecht behandelt, verdient eine klassische Herrenohrfeige, aber kein Curriculum.

Wenn wir einmal annehmen wollen, dass die politischen Akteure und ihre Bürokraten nicht ausnahmslos dumm und bösartig sind, sondern dass sie redlich Studienzeiten verkürzen, die Kosten für den dritten Sektor minimieren und solides Wissen vermitteln wollten, dann haben sie ihr Ziel zweifellos erreicht. Causa finita. Faktisch haben sie dadurch aber einen neuen Typ von Hochschule entstehen lassen, der mit Universitäten im klassischen Sinne gar nichts mehr zu tun hat. In solchen Einrichtungen kann man Apotheker ausbilden und Rechtsanwälte, Ärzte und Dolmetscher; Leute, die artig ihre Arbeit tun und sich in der globalisierten Welt beruflich orientieren können; Leute, die am Wettbewerb teilnehmen und zwischen Nordkap und Kapstadt ihre Jobs finden werden; und Leute, die neue Windmühlen erfinden und Energiesparlampen, bunte Schachteln für Pillen und Regularien für den Bankensektor. Sie werden tun, was man von ihnen verlangt und keine verrückten Ideen haben. Sie werden keine neuen Weltbilder erzeugen, keine Quantensprünge springen und keinen Beitrag zur Aufklärung der Menschheit leisten. Kurz: Sie werden ungebildet sein.

Und wo wird der Ort sein, an dem Forschen gelernt wird in Einsamkeit und Freiheit? Auch in der Universität, wo sonst? Dafür müssten wir allerdings darauf bestehen, dass Lernen in der Universität auch für Tierärzte und Erzieherinnen wenigstens ein Minimum an eigener Wissenschaftlichkeit enthalten muss, einen Spielraum des Suchens und zumindest einen Abglanz jener Einsamkeit und Freiheit, von der Humboldt gesprochen hat – auch wenn wir wissen, dass nur ganz selten eine kostbare Orchidee in diesen tropischen Wäldern wächst.

Wenn wir das wollen – und ich meine, wir sollten das wollen –, dann steht uns die eigentliche Bologna-Reform noch bevor: eine Reform des Bewusstseins der Lernenden, aber vor allem der *Lehrenden*, geprägt von der Einsicht, dass der Wissenschaftler nicht einfach irgendeinen Job erledigt, sondern dass ihm das zumeist schlecht bezahlte Privileg zukommt, selbst entscheiden zu können, was er forschen und lehren möchte, ganz unabhängig von der politischen Steuerung durch Forschungsgeld oder bürokratische Vorgaben. In diesem Fall muss man sich auf erbitterte Kämpfe einstellen, in deren Verlauf sich Wissenschaftsfreiheitskämpfer und Politiker gegenüberstehen, die beanspruchen, den Willen des Volkes zu repräsentieren (den sie in der Regel nicht kennen, bis zur nächsten Wahl ignorieren und der für die genaue Organisation der Wissenschaften ohnehin irrelevant ist). Es lohnt sich, für die Universität zu kämpfen. Aber nur, solange in der universitären Wissenschaft der Mensch erkennbar bleibt und solange sich der Wissenschaftler der Vorstellung vom besseren Leben verpflichtet weiß. Kurz, solange die Universität ihren Namen – den sie seit über 1000 Jahren mit Stolz führt – auch verdient.

Wir müssen also die Frage stellen, wie wir künftig mit unseren Universitäten umgehen wollen, besonders in Bezug auf das Verhältnis von Berufsausbildung und humaner Menschenbildung durch Wissenschaft.

In der topologischen Mathematik gibt es eine schöne Figuration, die Klein'sche Vierergruppe, die uns weiterhilft. Wir haben nämlich nur grundsätzlich vier Alternativen, wenn wir zwei Elemente A und B erschöpfend miteinander kombinieren wollen.

Erstens haben wir die Möglichkeit, dafür zu kämpfen, dass die Universität wieder zu einer reinen Bildungsinstitution wird, die sich der Berufsausbildung konsequent verweigert.

Wir haben *zweitens* die Möglichkeit, den Kampf nicht aufzunehmen, sondern aufzugeben und uns darin zu fügen, in einem Berufsbildungszentrum zu arbeiten. Das mag dann Universität heißen oder wie auch immer.

Drittens haben wir die Möglichkeit, die Berufsausbildung zum Normalfall zu erklären und Bildung durch Wissenschaft auf einige Exzellenzuniversitäten, auf Max-Planck-Institute und ähnliche außeruniversitäre Einrichtungen zu reduzieren, indem man diesen das Recht gibt, die Ausbildung einer sogenannten Elite vorzunehmen.

Und *viertens* haben wir schließlich die Möglichkeit, den Gegensatz von Berufsausbildung und Bildung durch Wissenschaft nicht aufzuheben, sondern diese Paradoxie bewusst auszuhalten. In diesem Sinn wäre die Frage, ob ein Studium heutzutage Bildung und Ausbildung zugleich sein kann, emphatisch zu bejahen.

Ich glaube, dass diese vierte die einzige vernünftige Alternative ist. Die Universität muss heute eine Einrichtung für beide Funktionen sein. Jetzt muss man allerdings genauer hinschauen.

III. DIE ZUKUNFT UNIVERSITÄRER BILDUNG

Bologna 2.0

Mit der Bologna-Reform ist es wie mit dem Euro: Ob gewollt oder nicht, wir werden uns mit ihren Konsequenzen auseinandersetzen müssen – im Falle von Bologna mit den Nebenfolgen eines Neuanfangs, der das kontinentale, in seinen Grundlinien fast tausendjährige Konzept der Universität einem atlantischen Verständnis von *higher education* geopfert hat.

Im Kern der Umstellung des universitären Bildungssystems stand in den vergangenen zehn Jahren der Bachelor als »erster berufsqualifizierender Abschluss«. Die aus der Bologna-Deklaration von 1998 übrigens nur hierzulande so erfolgte Ableitung einer unbedingten Forderung nach »Berufsfähigkeit« der Hochschulabsolventen hat eine fast vollständige Transformation des universitären Auftrags nach sich gezogen: weg von der »allgemeinen Menschenbildung durch Wissenschaft«, hin zur Berufsausbildung. Diese Transformation hinterlässt ein Vakuum, das sich nicht durch »allgemeine berufsorientierende Studienanteile« wie Bewerbungstrainings, Persönlichkeitsseminare, Präsentationstechniken oder ähnliche »Soft-Skills-Trainings« füllen lässt.

So gesehen befinden wir uns in der Situation Wilhelm von Humboldts an der Wende zum 19. Jahrhundert, der mit seiner Gegengründung der Berliner Universität den Akademien und Spezialschulen mit ihrem Nützlichkeitsdenken eine Institution gegenüberstellen wollte, die auf »Bildung durch Wissenschaft« setzte. Das Ergebnis war indes eine Einrichtung, in der auch das Standesdenken des deutschen Bildungsbürgertums seinen Anfang nahm, so dass eine Kopie heute ausgeschlossen ist. Denn heute müssen wir zugleich eine zweite Frage beantworten: Wie können wir Bildung durch Wissenschaft statt für drei für mindestens 50 Prozent eines Altersjahrgangs verwirklichen? Wie kann das funktionieren, wenn wir gleichzeitig den jungen Menschen einen Weg in den Beruf eröffnen wollen? Kurzum: Wie verbinden wir in einem zweiten, durchdachteren Prozess – einem »Bologna 2.0« – die Möglichkeit allgemeiner Menschenbildung für eine künftige freie, demokratische Gesellschaft mit der akademischen beruflichen Bildung?

Die Formulierung der Frage schließt eine gern gegebene Antwort aus: diejenige, dass für das harte Berufsleben die Fachhochschulen und für die weiche Allgemeinbildung die Universitäten und dort womöglich nur die Geisteswissenschaften zuständig seien. Diesen Fehler haben Fichte und spätere Erben Humboldts begangen, die sich ein Refugium schufen, dessen Innerlichkeitskult Max Horkheimer zu Recht beklagte.

Es darf aber auch nicht bedeuten, dass der erste Zyklus der universitären Ausbildung, der Bachelor, sich berufsbildend versteht und der Master die Allgemeinbildung nachschiebt. Wir müssen von jedem akademischen Unterricht erwarten, auch von dem berufsorientierten, dass er einen Beitrag zu allgemeiner Menschenbildung (vulgo: Persönlichkeitsentwicklung) leistet. Ein solcher Unterricht muss etwa dem Prinzip der methodisch gesicherten Kritik und dem radikalen Zweifel folgen. Er muss erkenntnisorientiert sein, ohne zu leugnen, dass Erkenntnisse Interessen folgen. Er muss das Verstehen vermitteln, indem es die Studierenden mit der gesamten Breite der interpretativen Verfahren von Texten und der Wirklichkeit vertraut macht. Und er muss immer historisch sein und die Geschichtlichkeit des scheinbar Sicheren thematisieren.

Hochschullehrer müssen natürlich auch lernen, so zu lehren. Das kann nur gelingen in einer Universität, die selbst bestimmte Bedingungen erfüllt: Die Universität muss sich, neben der Presse und der Kultur, als vierte Gewalt verstehen und deshalb Öffentlichkeit zum Prinzip erheben. Das heißt auch, dass sie Aufklärung nicht nur für ihre Studierenden leistet, sondern für die gesamte »Gemeinde«, die sie unterhält und der sie angehört. Die Universität wird die berufliche und allgemeine Bildung nur dann erfolgreich fördern können, wenn die Partizipation an Prozessen und Entscheidungen an der Basis gesichert wird. Damit dies möglich ist, muss sie den Studierenden und Wissenschaftlern aber auch ausreichend Zeit gewähren und ein Ort des – wie Derrida es nennt – »unbedingten Widerstands« sein. Sie muss sich das Recht vorbehalten, alles und jeden in Frage zu stellen (vor allem natürlich jene Mächte der Ökonomisierung und Bürokratisierung, die sie selbst in der Substanz gefährden).

Oberstes Ziel muss sein, dass die Universitäten integrierte, nicht additive Einrichtungen von allgemeiner Menschenbildung und Berufsbildung sind, zwei Elemente, die einander nicht widersprechen dürfen. Das könnte bildungsorganisatorisch heißen, dem Bachelorstudium ein einjähriges Universitätskolleg vorzuschalten, in welchem unter anderem Wissenschaftspropädeutik im klassisch kritischen Sinn geleistet wird. Oder es könnte, während eines deutlich längeren Bachelorstudiums, ein wissenschaftlich allgemeinbildender Teil parallel laufen. Oder man gestaltet es als nachlaufenden, metareflexiven Teil des Studiums, ohne den ein Abschluss unmöglich ist.

Ein solches »Studium Generale« ist hin und wieder bereits realisiert worden, gelegentlich als obligatorischer Studienanteil, dann wieder als freiwilliges Angebot. Doch selbst bei Vorträgen prominenter Gelehrter füllt sich nur selten ein großer Hörsaal mit jungen Studierenden. Stattdessen streben Zehntausende Senioren in die Hochschulen, um in ausgewählten Veranstaltungen »ein bisschen etwas für die Allgemeinbildung zu tun«. Wir stehen also auch insofern erneut vor der Herausforderung des frühen 19. Jahrhunderts: nämlich durch die Art und die Inhalte des Unterrichts nicht anders als forschend zu lehren.

Der diffamierend gemeinte Satz, die deutsche Universität tue so, als ob alle Studierenden Wissenschaftler werden wollen, ist im Prinzip richtig, sollte aber positiv gewendet werden: Die Universität muss so tun. Denn wenn es das Ziel sein soll, Persönlichkeiten heraus-zubilden, die nicht auf Glauben, sondern auf Wissen setzen, nicht auf Meinung, sondern auf Tatsachen, nicht auf Indoktrination, sondern auf kritische Reflexion und Zweifel, dann können sie dies nur in einem wissen-schaftsmethodisch qualifizierten Unterricht lernen, der auf Prozesse des Verstehens, Zweifelns und Kritisierens setzt und nicht auf fertige Ergebnisse.

Es ist aber auch darauf zu achten, dass durch die so lange überfällige Gleichstellung des Unterrichts mit der Forschung keine Spezies Hochschullehrer entsteht, die sich nur noch als »Vermittler« sieht.

»Teilhabe« ist hier das richtige Stichwort: Teilhabe der Studierenden an den Erkenntnisprozessen, die in der Hochschule stattfinden, und Teilhabe der Lehren-den an dem heute oft nur noch im Team möglichen Er-kenntnisfortschritt. Insofern ist die Hochschule weder Wissensproduzent noch Wissenstransporteur, sondern Wissenskatalysator. Allgemeine Menschenbildung darf an der Hochschule nicht an die Stelle der beruflichen Qualifikation treten, ebenso wenig wie die allgemeine Bildung durch Berufsausbildung ersetzt werden kann. Berufliche Bildung ist vielmehr so zu gestalten, dass im Medium des wissenschaftlichen Erkennens zum Zwe-cke der beruflichen Qualifikation gleichwohl allgemei-ne Bildung für eine Gesellschaft ohne Statusdünkel und Übervorteilung möglich ist. Ich bin der festen Über-zeugung, dass wir nur so die Verantwortung gegenüber den Studierenden – die wir als Gesellschaft haben, ob wir wollen oder nicht – in vollem Umfang wahrnehmen können. Was wir dafür brauchen, ist eine Universität, die sich nicht durch die bürokratischen und ökonomischen Zwänge unter Druck setzen lässt, sondern sich auf ihre eigentliche Stärke besinnt.

Die akademische Freiheit

In meinen Augen sind es vor allem zwei Entwicklungen, die der Entfaltung der akademischen Freiheit heutzutage im Weg stehen. *Erstens:* In der Universität von heute fehlt, was für die *academia* konstitutiv war: ausreichend Zeit. Forschung findet vornehmlich in Projekten statt, weniger als kontinuierlicher Prozess des »Bei-einer–Sache-Bleibens«. Es gibt zweckgebundene »Projektmittel«, aber praktisch keine zweckfreien Forschungsmittel mehr. Das Studium findet im Rahmen einer eng bemessenen »Regelstudienzeit« statt und damit auch der Unterricht. Beides will verwaltet sein, mit einem hohen Termindruck auf die Wissenschaft: Wenn ein Projekt beginnt, ist bereits das nächste zu beantragen, die Vorlesung des 6. Semesters liegt drei Jahre zuvor bereits fest, neue Theorien und Erkenntnisse in der Zwischenzeit sind nicht vorgesehen.

Damit verändern sich auch die Lebensbedingungen der Wissenschaftler und damit diese selbst: In befristeten Projekten wird in der Regel interdisziplinär – also arbeitsteilig – geforscht, wobei der größte Teil des Personals auch nur befristete Stellen und einen niedrigen

Status hat. Erfüllt wird damit unfreiwillig die Forderung der 68er nach weitgehender Chancengleichheit – mehr Menschen im Universitätsbetrieb haben eine Chance, eine befristete. Die Implikationen sind besorgniserregend: Das Personal, die gesamte Institution, weisen Spuren eines *Organizational Burnout* auf. Diese tückische Entwicklung hat die Hochschullehrerin Miriam Meckel aus eigener Erfahrung beschrieben[1]: Das Umkippen von zunächst höchster Leistungsmotivation und -fähigkeit in einen totalen Selbstverlust ist aber buchstäblich tödlich für das Konzept des Gelehrten. Wer in den letzten Jahren universitär gearbeitet hat, wird keinen Zweifel daran haben, dass mittlerweile ein beträchtlicher Teil auch der Geisteswissenschaften betroffen ist.

Zeitknappheit und Unsicherheit schlagen sich im Vollzug der Wissenschaft, in den Methoden von Forschung und Lehre selbst nieder: In der projektorientierten Universität ist wenig Zeit für zweckfreie Forschung, die nicht auf technologische Innovation schielen muss, keine Zeit für Methodenreflexion und Kritik. Soweit Letztere geübt wird, ist sie selbst funktionalisiert für Zwecke der Optimierung. Das Leitbild von »Einsamkeit und Freiheit« passt nicht zu einer Universität, die auf Kooperation und Zweckbindung angewiesen ist. Für »Bildung« durch eine angemessene Reflexion von Methode und Zweck der Forschung und der Rückbindung der Lehre an die Forschung ist schwerlich Raum.

Das bringt mich auf den *zweiten* Punkt, der die akademische Freiheit massiv einschränkt: Der Kontinuitätsbedarf der Universität, der von der Wissenschaft selbst nur noch in Ansätzen erbracht werden kann, erfährt seine Erfüllung in der Bürokratie. Sie verhält sich als Einzige nicht projektorientiert, sondern beharrlich – das muss sie auch, weil sie offensichtlich dafür da ist, den Missbrauch der gewachsenen Autonomie der Institution zu verhindern und Forschende und Lernende im Umgang mit den Ressourcen Zeit und Freiheit zu disziplinieren. Dafür stehen ihr viel Zeit und Geld zur Verfügung – ein Umstand, der regelmäßig zu Konflikten mit denen führt, die die eigentliche wissenschaftliche Arbeit vollziehen sollen und sich darin behindert fühlen.

Heutzutage, wo die Akkreditierung neuer Studiengänge und das Qualitätsmanagement – und damit auch die Bestimmung der Studieninhalte – weitgehend »outgesourct« werden, sind solche Konflikte endemisch. Denn wenn die Arbeit des Forschers sich an Wissen zu orientieren hat, das als lehr- und lernbar gilt (weil es nur so der »Employability« dient), dann wird die ehemals zentrale Funktion der Universität, die Gewinnung von »neuem, unwahrscheinlichem Wissen«, ausgehebelt.[2] Dagegen gewinnt das Leitbild der »Kundenzufriedenheit« der Studierenden – in amerikanischer Begrifflichkeit: *value for money* – an Bedeutung. Ob von Seiten der Studierenden (oder der diversen Universitätsrankings) das »Bildungserlebnis« genauso hoch geschätzt wird wie ein hohes Einstiegsgehalt, darf aber zumindest als zweifelhaft gelten. Wer als Forscher unter diesen Bedingungen also darauf besteht, mit den Studierenden in einen erkenntniskritischen und ergebnisoffenen Dialog einzutreten, dürfte sich wenig Freunde machen – am allerwenigsten in der eigenen Administration.

Wie wollen wir mit dieser Entwicklung künftig umgehen? Ich schlage vor, das französische Wort der *Souplesse* zur Leitlinie des Handelns der Universität zu machen – nicht im Sinne der Anpassung, sondern in dem Sinn, dass Wissenschaft sich an die Logik der zeitgenössischen Bildungslandschaft »anschmiegt«, um sie zu unterlaufen. Souplesse in diesem Sinn meint irgendetwas jenseits und gleichzeitig diesseits der Subversion, der Sabotage, des Sublimen. Eine diskrete und elegante Form der Verweigerung, der Umdeutung, der Geschmeidigkeit, Gewandtheit. Sie ist gewaltfrei und ähnelt der Kunst des Aikido: sich die Kraft des Gegners gelenkig zunutze machen, indem man die Druckpunkte sucht und betätigt, an denen die Übergriffsversuche auf das Wissenschaftssystem empfindlich gestört werden können.

Dazu gehört die Verlangsamung des Tempos, mit dem neue Projekte beantragt werden; Gründlichkeit in der Analyse und Veröffentlichung von Forschungsergebnissen, die Zeit beanspruchen dürfen; Verfahren, mit denen mehr Stabilität in den wissenschaftlichen Lebensverhältnissen erzeugt wird, wie längere Beschäftigungszeiten und Konstanz einer Gruppe; Vertrauen in die Leistungsbereitschaft der Wissensproduzenten statt immer neuer Prüfungen und Bewährungsverfahren und die Installation der Kritik als Methode.

Aber dies wird nicht genügen. Die projektorientierte

Universität ist Bestandteil und Produkt einer projekt-orientierten Politik, die sich selbst zunehmend mit den gleichen Phänomenen konfrontiert sieht: Zeitmangel, Burnout, Zustimmungsverlust und Zerstörung des Politischen als Ort des Ausbildens von guten Lösungen in differenzierten Interessenlagen. Daraus könnte eine Gemeinschaft von Wissenschaft und Politik entstehen.

Wenn man sich, im Bereich der Forschung etwa, darauf einigen könnte, die Zeit der großen Wettbewerbe – Stichwort Exzellenzinitiative – langsam in eine Zeit der Kontinuität für jene Strukturen zu überführen, die in den letzten Jahren entstanden sind. Wenn man sich auch auf die Förderung der Grundlagenforschung verständigen könnte und von *Blue Skies Research* ohne festgelegte Zielsetzung. Wenn man die Auffassung teilen könnte, dass Innovationen nicht nur technischer, sondern auch kultureller Natur sein können. Wenn man darüber diskutieren mag, ob jedes denkbare Experiment auch wünschenswert und somit förderungswürdig ist. Und: Wenn man sich darüber einig ist, dass es das Ziel von Wissenschaft ist, auch Überzeugungen oder einen Konsens darüber herzustellen, wie wir künftig miteinander leben wollen.

Im Bereich der akademischen Lehre müssen wir weiter denken als an die Reparatur von Bologna 1.0 (wenngleich dies eine notwendige Aufgabe ist). In wenigen Jahren wird sich die Gestalt der Studierendenschaft massiv verändern. Nach dem achtjährigen Gymnasium werden bereits 17-Jährige ein Studium beginnen, und es muss unser Ziel sein, mehr Studierende mit Migrationshintergrund und mehr ausländische Studierende zu gewinnen. Dafür benötigen wir eine Art Kolleg, das bei Studierenden unterschiedlicher Herkunft zuallererst die Voraussetzungen für ein erfolgreiches Studium herstellt – eine Institution zwischen Schule und Hochschule. In ähnlicher Weise entsteht ein Übergangsproblem zwischen dem Hochschulstudium und der wissenschaftlichen Tätigkeit. Auch hier wären Einrichtungen zwischen den Universitäten und den außeruniversitären Forschungsinstitutionen denkbar, in denen der wissenschaftliche Nachwuchs in entkrampfter Zusammenarbeit auf der Grundlage eines *ius sui generis* ausgebildet wird.

Die Hochschullehre muss sich auch der lernpsychologischen Einsicht öffnen, dass Lernen ein aktiver und nicht passiver Vorgang ist. Lernen ist immer Konstruktion und die Verfolgung eines Ziels für den Erwerb nicht nur deklarativen, sondern auch problemlösenden Wissens. Deshalb kommt der Selbstorganisation, der Kooperation und der Teilhabe der Studierenden auch eine so große Bedeutung zu.

Schließlich die akademische Selbstverwaltung. Kein Zweifel: Ebenso wie die wettbewerbsorientierte Forschung und der Bologna-Prozess hat das New Public Management mit seinen externen Steuerungs- und Evaluationsmechanismen einen einzigartigen Aktivierungsschub für den tertiären Sektor des deutschen Bildungswesens mit sich gebracht. Sicher, es wurden Leistungsreserven gehoben und Bereiche identifiziert, deren Inaktivität die Frage aufwarf, ob die Verwendung von öffentlichen Mitteln dort angemessen ist. Die diesem Management zugrundeliegende Output-Orientierung war mittelfristig aber auch mit einem erheblichen Verlust an Zustimmung derjenigen verbunden, die den Output liefern sollen.

Diese Zustimmung wird man nicht erlangen können, indem man die repräsentativen Entscheidungsstrukturen der siebziger Jahre wiederherstellt, die ebenfalls mit dem Problem des Legitimationsverlustes konfrontiert waren, sondern durch die Entwicklung und Erprobung neuer Formen der Partizipation, die möglichst viele Beteiligte erfassen. Denn die Grenzen der repräsentativen Demokratie zeigen sich in den letzten Jahren allenthalben, auch im Bildungsbereich. Es scheint geradezu, dass ausgerechnet das Hochschulwesen inzwischen weitgehend der demokratischen Steuerung entzogen worden und mithin einer der ersten Orte einer Postdemokratie geworden ist. Dieses »Defizit endogener Governance«[3] kann dem Hochschulbereich nicht egal sein – und zwar nicht deswegen, weil er gewissermaßen der Musterknabe der parlamentarischen Demokratie sein sollte, sondern weil Wissenschaft nur funktioniert, wenn die Wissenschaftler ihre Geschicke selbst bestimmen können. Dabei genügt es nicht, die grundgesetzlich garantierte Freiheit der Wissenschaft als Freiheit zu verstehen, über Gegenstände, Methoden, Veröffentlichungsformen selbst zu entscheiden. Die inhaltliche und methodische Freiheit des Forschens und Unterrichtens ist nämlich nur dann gegeben, wenn die Organisationsformen, in denen all das stattfindet, ebenfalls von Wissenschaftlern und Wissenschaftlerinnen selbst gesteuert werden können. Es wird Sache der Zukunft sein, hier unterschiedliche Modelle der Partizipation durchzuspielen, um die Hochschule zu einer Institution zu machen, die den Ansprüchen einer europäischen und globalen Bildungspolitik und den konkreten Bedürfnissen der darin arbeitenden Wissenschaftler und Studenten entgegenkommt.

Klar ist, dass es auf dem Weg dahin zu schwerwiegenden Auseinandersetzungen mit denjenigen Teilen der Bildungspolitik kommen wird, die dem Hochschulsystem in den zurückliegenden anderthalb Dekaden eine neue Funktion zugewiesen haben. Und die besondere Schwierigkeit wird wohl darin liegen, das Paradox zu lösen, auf das Kant in so unnachahmlicher Weise in seiner Pädagogik hingewiesen hat mit der Frage: »Wie kultiviere ich Freiheit bei dem Zwange?«[4]

Was wir den Studierenden schuldig sind

Ich werde im Folgenden nicht noch einmal Wilhelm von Humboldt oder Fichte zitieren, schon um dem Verdacht zu entgehen, lediglich die akademische Germania retten zu wollen, wo doch angeblich alle längst begriffen haben, dass die Zukunft der Welt angloamerikanisch sei.

Deswegen zitiere ich John Stuart Mill aus der Rektoratsrede anlässlich seiner Wahl in das Amt des Ehrenpräsidenten der schottischen St. Andrews University vom 1. Februar 1867: Er fordert darin, dass eine

Universität »nicht der Ort für berufsmäßige Erziehung sei«, dass »Universitäten nicht dazu da seien, um ein Wissen zu lehren, welches erforderlich ist, um zu einer bestimmten Art des Broterwerbs zu befähigen«, er lehnt darin das »Studium der Berufswissenschaften« ab und äußert klar, dass universitäre Bildung da aufhöre, wo Bildung aufhöre, eine allgemeine zu sein.[5] Wir halten deshalb *erstens* fest: Auch jenseits der Säulenheiligen der klassischen deutschen Universitätsidee existierte dieser Gedanke nachdrücklich in jener nordatlantischen Welt, wegen der ganz Europa seine kontinentalen bildungstheoretischen Wurzeln zu vergessen scheint.

Um diese Entwicklung zweifelhaft zu finden, muss man kein konservativer Nostalgiker sein, sondern kann sich auf die aufklärerische Bestimmung von Wissenschaft berufen, die beispielsweise von der Kritischen Theorie entwickelt worden ist. In Max Horkheimers Immatrikulationsrede im Sommersemester 1952 heißt es etwa: »Auf der Universität werden einzelne Fächer gelehrt, aber sie will nicht den Fachmann heranziehen. […] Die Universität ist der Ort, an dem die Erinnerung ans Menschliche bewahrt und das Menschliche mit allen Möglichkeiten lebendig erhalten werden soll.«[6] Und weiter: »Es kommt darauf an, dass jeder und jede unter Ihnen auf seine besondere Weise erfährt, dass der Traum von einem sinnvollen Leben, das eben darum ein glückliches ist, auf der Universität nicht vergeht, sondern sich konkretisiert.«[7] Und: »Es könnte […] so sein, dass eine der geistigen Ursachen der Bildungskrise gerade im Festhalten des aufs vereinzelte Ich bezogenen Bildungsbegriffs gelegen ist, in der Vergötzung des sich selbst genügenden Ichs [...]. Gebildet wird man [aber] nicht durch das, was man ›aus sich selbst macht‹, sondern einzig in der Hingabe an die Sache [...].«[8]

Wir halten also *zweitens* fest, dass zumindest am Anfang der Bundesrepublik nach der Erfahrung des Großen Krieges das kontinentale alteuropäische Denken selbst bei Philosophen präsent war, die mit der konservativen Auslegung dieser Tradition gebrochen hatten, und wir verkneifen uns die Frage, ob die begeisterte Zustimmung zum Bologna-Prozess am Anfang desselben bei Teilen der Professorenschaft von der klammheimlichen Hoffnung beseelt war, man könne die störende Politisierung der deutschen Universitäten auf diesem Wege gleich mit erledigen.

Natürlich ist das naiv – denn wer versucht, das Politische zu eskamotieren, handelt politisch. Ein Entkommen aus der Polis ist nicht denkbar, und selbst Einsiedler und Treber sind zumindest auf die Duldung ihrer Mitmenschen angewiesen.

Um deutlich zu machen, was universitäre Bildung heutzutage sein kann, möchte ich noch einen *dritten* Gesichtspunkt aufrufen. Nach Hartmut von Hentig ist Ausbildung die Antwort auf die Frage, was gelernt werden solle, Bildung auf die Frage, wozu. Und wir ahnen (mehr dürfen wir allerdings auch nicht wollen), dass Ausbildung und Bildung sich in der Polarität von Konkretion und Abstraktion abspielen, zwischen dem Definitiven und dem Indefiniten und sicher auf dem

Kontinuum der Verantwortungsübernahme für den Anderen und der Orientierung am bloßen Selbst.

Als ich 1997 mit Niklas Luhmann vor der Aufgabe stand, für unser Buch über das Erziehungssystem einen Text für die vierte Umschlagseite zu finden, und wir uns darüber unterhielten, durch welche Negativdefinitionen Bildung zu bestimmen sei, entschieden wir uns für eine Abgrenzung gegenüber »Erziehung«. Deswegen steht dort: »Erziehung ist eine Zumutung, Bildung ist ein Angebot.«

Wenn unser Aphorismus eine kleine Wahrheit enthalten sollte, dann hieße das auf unser Thema bezogen: Je mehr wir universitäre Lehre determinieren, ihre Inhalte, die Methoden der Vermittlung und die Verfahren der Leistungsüberprüfung, desto mehr verwandeln wir das, was einmal ein Angebot war, in eine Zumutung. Aus einem Angebot kann man wählen wie in einem intellektuellen Feinkostgeschäft. Bologna dagegen riecht nach Truppenversorgung und Zwangsernährung.

Wenn diese Provokation ihre Berechtigung hat, dann ist es notwendig, ihr eine zweite hinzuzufügen: Da es sich bei den neuen Studiengängen nicht um ein Angebot, sondern um eine Zumutung handelt, kann Bildung in ihnen nicht stattfinden. Mit dem Bologna-Prozess ist das universitäre Geschehen also von einem Bildungs- zu einem Erziehungsprozess geworden. Die Universität ist von einer Bildungsstätte zu einer Erziehungsanstalt mutiert.

Man darf sich fragen, warum die kontinentaleuropäische und insbesondere auch deutsche Bildungstradition so schwach war, dass sie von einem institutionellen Imperialismus des Globalisierungsprozesses im dritten Sektor einfach überrollt werden konnte. Darüber werden in den nächsten Jahrzehnten bildungshistorische Dissertationen zu schreiben sein, falls das noch erlaubt ist. Hier nur ein paar Hypothesen: Der Bologna-Prozess versprach, viele der durch die quantitative Explosion des tertiären Sektors entstandenen Probleme auf einen Schlag zu lösen: die unzureichende Mobilität innerhalb Europas und darüber hinaus, die Beliebigkeit der Lehrpläne, die Liberalität (oder schlicht Unverantwortlichkeit) der Professoren im Umgang mit Qualitätserwartungen, Prüfungsleistungen und Verbindlichkeiten und vieles mehr. Kurzum: Die Mannschaft hatte das alte Schiff satt und sprang unversehens ins Wasser, um einen neuen Luxusliner zu erreichen, der das alte Schiff ganz nah passierte. Heute darf man sagen: Dieses spektakuläre Manöver ist missglückt. Das neue Schiff war schneller, als man schwimmen konnte.

Nun ist es mitnichten so, dass die in diesen Jahren aufscheinenden Probleme nur auf dem alten Kontinent entdeckt worden sind. Ganz im Gegenteil: In der Herkunftskultur des Bachelor-Master-Systems und des neuen Universitätstypus wurden die gleichen Probleme identifiziert und, allerdings im Gegensatz zu der deutschen Praxis, auch erfolgreich angegangen. So hat Hans Weiler unlängst darauf hingewiesen, dass das amerikanische Universitätssystem sehr wohl die »Chance der persönlichen Entfaltung durch Bildung« im Auge habe, dass es darauf verzichte, einen standardisierten »Normaltypus« des oder der Studierenden zu modellieren, und deswegen viel stärker differenziere und flexibler sei. Auch habe das US-amerikanische System die Zugangswege zum Studium längst wesentlich verbreitert, die Beratung und Betreuung verbessert und zwischen Studiengängen mit mehr Praxis- oder mehr Forschungsbezug unterschieden.[10] Mit einem ganzen Bündel von Maßnahmen, beginnend bei den »honours programs« bis hin zu starken inhaltlichen und methodischen Schwerpunktsetzungen hat das amerikanische Universitätssystem auf die Bildungsdefizite reagiert. Das spiegelt sich auch in einem klugen Artikel wider, den Christine Landfried unlängst unter dem Titel *Was wir von Berkeley lernen können* veröffentlicht hat. Sie berichtet darin von einem persönlichen Erlebnis beim Morgensport im universitären Schwimmbecken, als eine Studentin sie fragt, worin ihre Leidenschaft für die Forschung bestünde. Darin spiegelt sich für die Autorin der Umstand, dass die Studierenden lernen können, »dass Wissenschaft auch eine Haltung ist«[11].

Also: Die Umsetzung des Bologna-Prozesses hätte nicht zwangsläufig dazu führen müssen, dass aus einer Bildungsstätte eine Erziehungsanstalt wird, wenn man an dem Gedanken stark und unverrückbar festgehalten hätte, dass Wissenschaft in der Universität nicht dazu da ist, Menschen allein berufsfähig zu machen, sondern ihnen dabei helfen soll, einen zu ihnen passenden Platz im Leben zu finden. Und genau das erwarten die – immer jüngeren – Studierenden auch von ihr.

Irgendwie haben wir nach den zurückliegenden

Jahren alle begriffen, dass es so nicht weitergehen kann. Aber statt uns auf die Inhalte zu konzentrieren, auf die Erwartung an Hochschullehrerinnen und Hochschullehrer, Vorbilder der leidenschaftlichen Wahrheitssuche zu werden, reagieren wir mit Instrumenten des Dienstleistungsbetriebes: Wir etablieren Systeme der Qualitätssicherung, des Mentoring oder des Career Service, mit anderen Worten: Wir treffen pfadabhängige Entscheidungen, die auf eine weiter zurückliegende Fehlentscheidung konsequent folgen. Diese Maßnahmen wären völlig überflüssig, wenn die Universität eine Bildungseinrichtung wäre, denn gebildete Menschen brauchen weder sozialpädagogische Betreuung, noch brauchen sie Coaches und Ratschläge für ihre immer dicker werdenden Bewerbungsmappen, und schon gar nicht brauchen sie ein Qualitätsmanagementsystem, denn in dieser idealen Einrichtung wäre Qualität eine Frage der Ehre und nicht des Managements.

Als Student habe ich in den Ferien hin und wieder in einer Pralinenfabrik gearbeitet. Weil wir fanden, dass wir schlecht bezahlt wurden, zerschlugen wir gelegentlich mit einem Hämmerchen an der Verpackungsstraße die frisch eingefüllten Pralinen, bevor wir den Deckel über die Schachtel streiften, und besonders Übermütige unter uns brachten tote Mäuse mit, die sie in einzelne Schachteln steckten, nachdem sie die Pralinen verzehrt hatten. Ein Qualitätsmanagementsystem machte dem Treiben ein Ende.

Ganz sicher hatten auch die Universitäten in ihrem akademischen Unterricht einige tote Mäuse versteckt, so dass es notwendig schien, ein Qualitätsmanagement einzuführen: organisatorische Probleme etwa wie sich überlappende Seminarstunden oder überfüllte Hörsäle. Wir alle kennen diese Kadaver und müssen sie hier nicht auflisten. Und wir kennen die Verweigerung von Hochschullehrern, mit ihren Studierenden über ihre Referatsleistungen zu reden und lieber Multiple-Choice-Klausuren schreiben zu lassen. Und wir wissen auch, dass der Bildungsbegriff nicht selten dafür herhalten musste, sich um die Zukunft der schutzbefohlenen Studierenden einen Dreck zu scheren. Gleichwohl: Die qualitätssichernden Maßnahmen und das Mentoring sind nur dann sinnvoll, wenn diese Gesellschaft sich dazu entscheidet, den Schritt von der Bildung weg hin zur Erziehung nicht zu revidieren. In diesem Fall ist allerdings zu befürchten, dass sich auch in den Hochschulen Mechanismen etablieren, die in Erziehungseinrichtungen einen – wenngleich nicht immer unumstrittenen – Platz haben: die Polaritäten von Lohn und Strafe, von Besserwisserei und Ahnungslosigkeit, von Eitelkeit und Verwahrlosung, von Übereifer und Schlendrian.

Wir stehen also vor einer unangenehmen Frage: Sollen wir, bis wieder normale Verhältnisse herrschen, mit Methoden des Mentorings den Verlust der bildenden Begegnung im akademischen Unterricht kompensieren? Sollen wir das Qualitätsmanagement an die Stelle der Hingabe an die Sache stellen? Und sollen wir dem einzelnen Absolventen die Verantwortung für sein eigenes Leben abnehmen und ihn am besten auch noch in die ersten Berufspositionen hieven?

All das kostet unglaublich viel Kraft, Geld und Verdruss in einer Einrichtung, in der das Personal ohnehin inzwischen tiefe Spuren von Burnout zeigt. Sollten wir also stattdessen nicht lieber versuchen, trotz allem so formlos und effektiv wie möglich unserem eigentlichen Bildungsauftrag nachzukommen und zu erkennen geben, dass wir um die Unmöglichkeit wissen, Qualität quantitativ zu erfassen? Sollten wir nicht unsere Kräfte darauf richten, den wissenschaftlichen Nachwuchs für eine Bildungsstätte auszubilden und die Professoren darin zu ermutigen, das eigene Fachwissen dem allgemeinen Bildungsgedanken unterzuordnen? Das hieße:

1. ein Konzept nachhaltiger Wissenschaft und nachhaltiger Universität durchzusetzen,

2. mit einer akademischen Lehre, die problem- und frageorientiert agiert, statt in den Köpfen der Studierenden die Struktur und die Last jahrhundertealter Fächer abbilden zu wollen,

3. mit einer akademischen Lehre, die jungen Menschen hilft zu lernen, unsere und ihre Probleme zu identifizieren, zu antizipieren und vor allem Lösungen zu entwickeln,

4. mit einer akademischen Lehre, die von der Selbstlerntätigkeit des menschlichen Gehirns ausgeht statt von dessen Belehrung,

5. mit einem Studienbetrieb, in dem studentischer Unterricht einen festen Platz hat,

6. mit einem Unterricht, in dem Evaluationen von Professoren sich erübrigen, weil er von Lehrenden und Lernenden gemeinsam getragen wird,

7. mit Entscheidungsprozessen, die deshalb zu erfolgreichen Resultaten führen, weil an der Generierung
   von Lösungen alle beteiligt sind, die von ihnen betroffen sind und die Innovationen einbringen können,

8. mit Curriculuminhalten, die allgemein genug sind,
   dass sie Bildung ermöglichen, und speziell genug,
   dass sie bloßes Geschwätz unterbinden,

9. mit Leistungsüberprüfungen, die wirklich Aus-
   kunft geben über die Persönlichkeit des Studierenden in seiner ganzen Breite statt über seine Fähigkeit, Tests und Klausuren zu überstehen,

10. kurz: eine Universität der nachhaltigen Zukunft,
    die ihr Ziel darin sieht, der Welt nicht mehr zu
    entnehmen, als sie ihr zurückgibt.

Es ist ein Irrtum zu glauben, dass eine solche Bewegung
sich gegen die Grundintentionen der zurückliegenden
15 Jahre richten muss, die ja mit dem Ziel der Bildung
zum Weltbürgertum durchaus vereinbar sind. Und natürlich wäre es falsch, den Bildungsgedanken als Entschuldigung zu nehmen, um ein »anything goes« wie-
derzubeleben, das im Zweifelsfall nur die Symptomatik
von Faulheit und Dummheit wäre. Aber genauso falsch
wäre es, einfach blind weiterzumachen wie bisher.

Bei der Ausbildung zum Schiffsführer lernt man
das sogenannte »Manöver des letzten Augenblicks«: Es
dient der Vermeidung einer Kollision, wenn ein Aus-
weichen nicht mehr möglich ist. Das ist dann der Fall,
wenn der Kapitän des einen oder anderen Schiffes zu

lange den falschen Kurs gehalten hat. Die deutschen Universitäten sind vor 15 Jahren umgesteuert worden, nicht auf der Grundlage einer ordentlichen Seekarte, sondern einer Bleistiftskizze, und sie sind auf Kollisionskurs mit den Menschen geraten. Da ein großes Schiff nicht so leicht zu bremsen ist, muss es irgendwann zum »Manöver des letzten Augenblicks« kommen, was bedeutet: alle Maschinen rückwärts. Dabei kann der Propeller abplatzen, die Welle sich verbiegen und die Maschine in Brand geraten. Das wollen wir nicht, also müssen wir gegensteuern. Jetzt.

ANMERKUNGEN

Vorwort

1 »Wem schmeckt Bologna?«, in: *Allgemeine Zeitung Mainz* vom 15.11.2013.

Kapitel I.

1 http://www.bmbf.de/de/3336.php.

2 Vierter Bericht über die Umsetzung des Bologna-Prozesses in Deutschland, 2. Februar 2012, http://www.bmbf.de/pubRD/umsetzung_bologna_prozess_2012.pdf.

3 Sigrun Nickel (Hrsg.): *Der Bologna-Prozess aus Sicht der Hochschulforschung. Analysen und Impulse für die Praxis*, S. 9 ff., http://www.bmbf.de/pubRD/Bologna_Prozess_aus_Sicht_der_Hochschulforschung.pdf.

4 Vgl. Sorbonne-Erklärung. Gemeinsame Erklärung zur Harmonisierung der Architektur der europäischen Hochschulbildung, Sorbonne, 25. Mai 1998, http://www.uni-mannheim.de/ects/p/Sorbonne.pdf.

5 Alle Zitate: *Der Europäische Hochschulraum.* Gemeinsame Erklärung der Europäischen Bildungsminister, 19. Juni 1999, http://www.bmbf.de/pubRD/bologna_deu.pdf.

6 Ebd., S. 5.

7 Vgl. Stefan Kühl: *Der Sudoku-Effekt. Hochschulen im Teufelskreis der Bürokratie. Eine Streitschrift*, Bielefeld 2011.

8 Vgl. Heide Naderer: »Akkreditierung unter Beschuß. Die Situation an amerikanischen Hochschulen«, in: *Forschung & Lehre*, Jg. 11 (2004), H. 10, S. 546 f.; Marco Althaus: *Die Anti-Harvards. Wie Bildungskonzerne Amerikas Hochschulwesen revolutionieren*, Berlin 2009, S. 761–767.

9 Martin Winter zitiert nach Peter J. Brenner: »Die Wüste wächst. Über die Selbstzerstörung der deutschen Universität im Bologna-Prozess«, in: Ders.: *Kultur als Wissenschaft. Aufsätze zur Theorie der modernen Geisteswissenschaften – vor Bologna, nach Bologna,* Münster 2011, S. 303–319, hier S. 310. Zur Verfassungsproblematik vgl. auch Ute Mager: »Ist die Akkreditierung von Studiengängen an Hochschulen verfassungsgemäß?«, in: *Verwaltungsblätter für Baden-Württemberg,* 30. Jg. (2009), H. 1, S. 9–14.

10 Wissenschaftliche Dienste des Deutschen Bundestages 2002, zitiert nach Götz Schindler: »Employability und Bachelor-Studiengänge – eine unpassende Verbindung«, in: *Beiträge zur Hochschulforschung,* 26. Jg. (2004), H. 4, S. 7.

11 Jürgen Mittelstraß: *Wissenschaft als Lebensform. Reden über philosophische Orientierungen in Wissenschaft und Universität,* Frankfurt am Main 1982.

12 Wilhelm v. Humboldt: *Gesammelte Schriften,* Berlin 1920, Bd. XIII, S. 277 f.

13 Carl Heinrich Becker: »Der Kern unserer Universitäten ist gesund«, in: Ders.: *Gedanken zur Hochschulreform,* Leipzig 1919, S. 17.

14 Dieter Simon: »Die Universität ist verrottet«, in: *Spiegel* vom 9. 12. 1991, http://www.spiegel.de/spiegel/print/d-13491471.html.

15 Manfred Spitzer: *Nervensachen. Perspektiven zu Geist, Gehirn und Gesellschaft,* Stuttgart 2004, S. 198.

Kapitel II.

1 Franz Michael Konrad: *Wilhelm von Humboldt,* Bern 2010, S. 45.

2 Für die Situation in Preußen und Humboldts Berufung zum Direktor der Sektion des Kultus und öffentlichen

Unterrichts vgl. Lothar Gall: *Wilhelm von Humboldt. Ein Preuße von Welt,* Berlin 2011, S.128–137.

3 Hier und im Folgenden: »Wilhelm von Humboldt: Über die innere und äussere Organisation der höheren wissenschaftlichen Anstalten in Berlin«, in: *Gründungstexte. Festgabe zum 200-jährigen Jubiläum der Humboldt-Universität zu Berlin,* S.229–241. Abrufbar unter: http:// edoc.hu-berlin.de/miscellanies/g-texte-30372/229/ PDF/229.pdf.

4 Max Horkheimer: »Begriff der Bildung«, in: Ders.: *Gesammelte Schriften,* Bd.8: *Vorträge und Aufzeichnungen 1949–1973,* Frankfurt am Main 1985, S.411.

5 Ebd., S.414f.

6 Helmut Schelsky: *Einsamkeit und Freiheit. Idee und Gestalt der deutschen Universität und ihrer Reformen,* Reinbek 1963, S.79ff.

7 Jürgen Mittelstraß: a. a. O., S.103f.

8 Vgl. Max Scheler: »Universität und Volkshochschule«, in: Ders.: *Die Wissensformen der Gesellschaft,* 3.Auflage, Bern 1980, S.383–420.

9 Die Ausführungen über Globalisierung folgen sehr eng unserer Darstellung im Jahresgutachten 2008 des Aktionsrats Bildung. Vgl. Vereinigung der Bayerischen Wirtschaft e.V. (Hrsg.): *Bildungsrisiken und -chancen im Globalisierungsprozess,* Wiesbaden 2008.

10 John Meyer, Francisco Ramirez, Yasemin Soysal: »World Expansion of Mass Education«, 1870–1980, in: *Sociology of Education,* Vol.65 (1992), S.128–149.

11 Vgl. www.innovationsindikator.de sowie www.telekomstiftung.de/innovationsindikator.

12 Helmut Schelsky: a. a. O., S.294.

13 Friedrich Joseph Wilhelm Schelling: »Vorlesungen über die Methode des akademischen Studiums«, in: *Die Idee der deutschen Universität. Die 5 Grundschriften aus der*

Zeit ihrer Neubegründung durch klassischen Idealismus und romantischen Realismus, Darmstadt 1956, S.1–124.

14 Johann Gottlieb Fichte: »Deducirter Plan einer zu Berlin zu errichtenden höhern Lehranstalt«, in: Eduard Spranger (Hrsg.): *Fichte, Schleiermacher, Steffens – über das Wesen der Universität,* Leipzig 1910, S.1–104.

15 Ebd., S.7.

16 Ebd., S.8.

Kapitel III.

1 Vgl. Miriam Meckel: *Brief an mein Leben. Erfahrungen mit einem Burnout,* Reinbek 2011.

2 Vgl. Niklas Luhmann: *Die Wissenschaft der Gesellschaft,* Frankfurt am Main 1990.

3 Jochen Gläser, Stefan Lange: »Wissenschaft«, in: Arthur Benz et. al. (Hrsg.): *Handbuch Governance. Theoretische Grundlagen und empirische Anwendungsfelder,* Wiesbaden 2007, S.437–451, hier S.438.

4 Immanuel Kant: *Ausgewählte Schriften zur Pädagogik und ihrer Begründung.* Hrsg. von Hans-Hermann Groothoff, Paderborn 1982, S.20.

5 John Stuart Mill: »Rectorats-Rede« (1867), in: Ders.: *Gesammelte Werke,* Band 1, Leipzig 1869, S.207f.

6 Max Horkheimer: »Akademisches Studium. Immatrikulations-Rede Sommersemester 1952«, in: Ders.: *Akademisches Studium. Begriff der Bildung. Fragen des Hochschulunterrichts,* Frankfurt am Main 1953, S.9.

7 Ebd, S.10.

8 Ebd, S.10.

9 Niklas Luhmann, Dieter Lenzen: *Bildung und Weiterbildung im Erziehungssystem,* Frankfurt am Main 1997.

10 Hans N.Weiler: »Vom klugen Umgang mit der Bologna-Reform«, in: *Frankfurter Allgemeine Zeitung* vom 12.05.2010, S.8. http://www.faz.net/aktuell/politik/in-

land/gastbeitrag-vom-klugen-umgang-mit-der-bolog-na-reform-1655226.html.

11 Christine Landfried: »Was wir von Berkeley lernen kön-nen«, in: *Frankfurter Allgemeine Zeitung* vom 21.04.2010, S. N5. http://www.faz.net/aktuell/feuilleton/forschung-und-lehre/hochschule-was-wir-von-berkeley-lernen-koennen-1966893.html.

Dieses Buch fußt auf einer Reihe von zuvor veröffentlichten Artikeln und Reden des Autors, darunter:

»Humboldt und Bologna: das verträgt sich! Dieter Lenzen findet Lösungen«, *attempto*, 6/12, S. 2 ff.

»Verantwortung der Hochschulen für Studierende«, Im-pulsreferat vom 09.07.2010.

»Hochschulen sind keine Fertigungsstraßen. Neun provoka-tive Anmerkungen zum Bologna-Prozess«, *Forschung & Lehre*, 5/12, S. 356–358.

»Humboldt aufpoliert«, *Die Zeit* vom 15.03.2012, S. 77 und in *Glanzlichter der Wissenschaft*, herausgegeben vom Deut-schen Hochschulverband, Stuttgart 2012.

»Ranking, Rating – Steuerung und Motivation«, *Erzie-hungswissenschaft. Mitteilung der Deutschen Gesellschaft für Erziehungswissenschaft*, Heft 45, Jg. 23/12, S. 13-29.

»BILDUNG and Innovation – a *contradictio in adjecto* for today's university education in a globalized world?«, Luc E. Weber, James J. Duderstadt, Glion Colloquium (Hrsg.): *University Research for Innovation*, London 2010, Economica Ltd., S. 303–314.

»Berufsbildung oder Berufung zur Bildung?«, »Kompetenz und Bildung: zur Aufgabe der Universität«, Vorträge im Rahmen des ZEIT Campus-Dialogs am 01.02.2012.

»Der Universität die Universität zurückgeben«, Impulsbei-trag am Dies Academicus am 23.04.2013 in Hamburg.

»Hochschule: Unternehmen oder akademische Republik?«,
ZfE-Forum Qualität und Qualitätsmessung für das Bil-
dungswesen, Vortrag vom 07.08.2012.
»Partizipation als Instrument universitärer Nachhaltigkeit«,
ZWM, Vortrag vom 02.10.2011.

Markus Gabriel
Warum es die Welt nicht gibt

272 Seiten. Gebunden mit Schutzumschlag
ISBN 978-3-550-08010-4
www.ullstein-verlag.de

»Eine großartige Gedankenübung.« *Slavoj Žižek*

Woher kommen wir? Sind wir nur eine Anhäufung von Elementarteilchen in einem riesigen Weltbehälter? Und was soll das Ganze eigentlich?

Die Welt gibt es nicht. Aber das bedeutet nicht, dass es überhaupt nichts gibt. Mit Freude an geistreichen Gedankenspielen, Sprachwitz und Mut zur Provokation legt der Philosoph Markus Gabriel dar, dass es zwar nichts gibt, was es nicht gibt – die Welt aber unvollständig ist. Wobei noch längst nicht alles gut ist, nur weil es alles gibt. Und Humor hilft durchaus dabei, sich mit den Abgründen des menschlichen Seins auseinanderzusetzen.

ullstein

Michael J. Sandel

Was man für Geld nicht kaufen kann

Die moralischen Grenzen des Marktes
Aus dem Amerikanischen von Helmut Reuter
304 Seiten. Gebunden mit Schutzumschlag
ISBN 978-3-550-08026-5
www.ullstein-verlag.de

»Ein aktueller, überall heftig diskutierter Bestseller.« *FAZ*

Darf ein Staat Söldner verpflichten, um Kriege zu führen?
Ist es moralisch vertretbar, Leute dafür zu bezahlen, dass
sie Organe spenden? Eignen sich Lebensversicherungen
alter und kranker Menschen als Spekulationsobjekte für
Investoren? Dürfen Unternehmen gegen Geld das Recht
erwerben, die Luft zu verpesten?
Fast alles scheint heute käuflich zu sein. Wollten wir das
so? Und was könnten wir dagegen tun?

»Ein Plädoyer gegen die immer stärker um sich greifende
Kommerzialisierung aller Lebensbereiche.«
ttt – titel thesen temperamente

ullstein